拥抱复杂性

朗智文　黄庐进　著

華東理工大學出版社
EAST CHINA UNIVERSITY OF SCIENCE AND TECHNOLOGY PRESS
·上海·

图书在版编目(CIP)数据

拥抱复杂性/朗智文，黄庐进著.—上海：华东理工大学出版社，2023.7(2025.12 重印)

ISBN 978-7-5628-7039-5

Ⅰ.①拥… Ⅱ.①朗… ②黄… Ⅲ.①领导学-研究 Ⅳ.①C933

中国国家版本馆 CIP 数据核字(2023)第 138121 号

策划编辑 / 刘 军
责任编辑 / 刘 军 韩旭冬
责任校对 / 王雪飞
装帧设计 / 居慧娜
出版发行 / 华东理工大学出版社有限公司
地址：上海市梅陇路 130 号，200237
电话：021-64250306
网址：www.ecustpress.cn
邮箱：zongbianban@ecustpress.cn
印 刷 / 上海盛通时代印刷有限公司
开 本 / 890 mm×1240 mm 1/32
印 张 / 6.625
字 数 / 148 千字
版 次 / 2023 年 7 月第 1 版
印 次 / 2025 年 12 月第 4 次
定 价 / 40.00 元

导读

本书以平实亲切、深入浅出的语言娓娓道来，内容生动，极富吸引力、感召力，字里行间透着关怀、真诚，犹如人与人面对面沟通交谈，令人沉浸其中，有所感悟，获得内在的力量和领导力的成长。

一、内容概要

本书主要介绍了在当下知识经济时代，面对复杂的商业环境，领导者应如何培养复杂型领导力，以应对不断变化的新形势，保持团队旺盛的生命力和良性的社会适应性。朗智文先生利用 SIILA 模型向我们展示了复杂型领导力的建构方式。

全书采取“总—分—总”的结构。

第一部分综述培养复杂型领导力的背景与必要性。朗智文先生首先指明了当下较之工业时代更为复杂的形势和环境，进而通过疫情大流行背景下全球半导体芯片短缺、“空中巨无霸”A380 停产、“波音 787”逐步衰落等负面实例，以及日本丰田的科学管理与发展的例子，说明了接纳和拥抱复杂性，以及成为一名复杂型领导者的必要性。接受了复杂性，领导者才能做出正确的决定；而成功的领导者明白如何处理复杂性，即要做到了解复杂性、思考复杂性、看见复杂性、信任复杂性、感知复杂性、实践复杂性和成就复杂性。

朗智文先生进一步明确：在纷繁复杂的知识新时代，用SIILA模型可以很好地应对复杂性。掌握SIILA模型中以“严厉的爱”和“系统思维”为基础的五个步骤，并以此来处理复杂性，领导者就可以最大限度地把事情做对、做好。五个步骤即系统思维、内化、互动、学习和适应。

随后，在接下来的第二至第六部分，朗智文先生对以上5个步骤分别展开介绍。

1. 系统思维

领导者只有掌握了系统思维，才会认识和理解任何事物内部的各个部分以及事物之间都是相互关联的。领导者明白了这种关联性，进而用正确和积极的心态创建科学的工作流程与结构，才能推动工作朝着积极的方向发展，并创造理想满意的结果，从而最大限度地规避意外情况所带来的消极结果。

2. 内化

如果说系统思维主要说明了一种客观存在，偏重于整体、抽象、方法论层面，那么从“内化”开始，本书将从更具象、更可行的角度，逐步解读如何在具体行动与学习中，去培养和构建SIILA思维与习惯，并培养其自身的复杂型领导力。

严厉的爱（严管厚爱）是SIILA模型处理复杂性的基础。“内化”运用SIILA模型，强调要用严厉的爱与自己互动。这种互动需要领导者深入了解自己，充分理解自己成为领导者的真正动机。朗智文先生告诉我们，如果一个领导者充分认识自我，并将系统思维和复杂性真正内化于心，就会在不知不觉中将严厉的爱融入每一个行动中，形成一种无意识的、发自内心的行为。为此，对于一个领导者来说，端正自己的领导动机并管理好自己至关重要，这是内因层面起决定性作用的因素。

3. 互动

本书从这一节开始转向外部层面，说明了领导者与组织和团队成员互动的重要性。朗智文先生根据自己的亲身经历得出，领导者只有与不同层次的人互动交流，只有深入“基层一线”，才能明白事情的真相，才能发现问题并及时处理问题，而不是被各类会议、汇报、材料所包裹，看不到事情（问题）的真实面目。在与不同层级的人的互动中，要态度真诚，要学会用严厉的爱与人互动，要充分调动团队的积极性，在不破坏组织秩序的情况下，把事情做到最好。

4. 学习

“三人行，必有我师”，每个人的知识体系和结构都不可能完美无缺，有特长，也有缺点，领导者也一样。为此，作为一名领导，只有不断学习，不断成长，才能更加适应复杂的时代。领导者不必回避和掩饰自己的知识短板，而要善于利用各种机会积极、主动学习；要不断自我学习，也要在互动中加强学习；要学习技术知识、组织知识等各类知识，并能将知识转化为“生产力”。同时，领导者还要扮演“老师”的角色，创建“学习型组织”，能将自身的知识和方法传授给下属。朗智文先生借用《老子》中的“授人以鱼，不如授人以渔”告诉我们，在帮助下属成长的过程中，只有不断提升下属的技能，才是真正帮助他们成长，才能使他们持续为团队发挥效力。

5. 适应

学习是伟大的。只有学以致用，让自己因此做出调整和改变，并不断适应改变后的自我，形成新的处事习惯，学习才会发挥效用。作为领导者，只有改变了自己，才能改变团队，从而让团队更好地适应不断变化的复杂的社会系统。

最后一部分（第七部分）“永无止境地 SIILA 循环”，在本书中起总结和升华作用。朗智文先生告诉我们，SIILA 不是闭环，而是跟随社会发展，不断与社会磨合，与社会相生相长的开放式循环。“变是永恒不变的”，就复杂型领导力的培养而言，也并非在拥有了系统思维，进行了自我内化、团队交互、学习提升、调整适应后即结束了，而是要继续迎接下一个循环历程，在不断适应时代和社会的过程中中，催生“与时俱进”的、更“合适”的复杂领导力。

二、主要亮点

（一）内容聚焦，脉络流畅

本书脉络清晰，结构简单，内容指向明确。作者朗智文先生以“复杂型领导力”的培养作为靶向目标，内容紧凑聚焦；又以 SIILA 的逻辑演进线作为全书的内容推进线，环环相扣，逻辑流畅。同时，全书内容推进中，以“严厉的爱”这一 SIILA 模型的基础作为暗线，贯穿全文始末，无论是系统思维的建构，还是内化、互动、学习、适应等几个部分，均在字里行间隐藏着“严厉的爱”，这不仅是“复杂型领导力”建构的基石，也是“复杂型领导力”形成的助推器。“严厉的爱”这一暗线让全书内容更为聚焦，也让全书更显条理清晰。

（二）深入人心，润物无声

朗智文先生不仅借助本书帮助我国企业家、干部、有志于提升个人领导力的读者们培养“复杂型领导力”，实际上也在帮助领导者进行一场自我修行。这一点最显著体现在“内化”这一部分，通过帮助领导者发掘“成为领导”的正确动机，让领导者关注、回归和面对自己最真实的内心。而在“互动”“学习”两部分，朗智文先生倡导的身体力行、“深入一线”，以及在团队中善于向他人学习的理念，实际上间接折射出一个领导者的优秀品性。只有内在善良、平和的领导者，才能在不同的岗位和环境中“披荆斩棘”，收获一次次成功。这种品性“润物无声”，实际上也是一个领导者的内在修行的写照。“严厉的爱”这一领导风格也让读者感同身受，体会到那种曾来自父母的严管厚爱。这种将“领导力”的培养直指领导者内在本性的写作思路不乏创新性。

（三）例论结合，旁征博引

本书的写作方式不仅达到了更好的“说服”效果，也让读者沉浸其中，读出了许多感动。

此外，作为一位斯里兰卡裔、新加坡籍的跨国公司 CEO，朗智文先生还非常注重引用谚语、俗语，以及名人逸事。通读全书，作者提到了中国的老子、孙子以及多个人们耳熟能详的谚语、俗语，这让读者感受到作者对中国传统文化的关注和喜爱，增加了本书的吸引力。

（四）言辞恳切，平易近人

本书言语平实，没有深奥晦涩的言辞和道理。相反，作者常常以自己的经历、自己的体会来说明自己要讲的道理，犹如一位好友在向我们娓娓讲述一个个亲切的故事，增加了本书的真实性和可读性；同时，本书让人更深入理解了“复杂型领导力”的培养要素，增强了学习和吸收效果。

《拥抱复杂性》倾注了作者的专业思考和探索，并以切身观察和实践验证了“复杂型领导力”的培养价值和方法，值得细读和反复学习。

正如朗智文先生所说，写作此书的意义在于“将古老的亚洲智慧与现代科学相结合，在当今纷繁复杂的大千世界中解惑如何成为一名成功的领导者，并活出生命的意义”。

三、适用人群

近十年来，我国引进或出版了一些关于“领导力”的教材和专著，但聚焦在领导者如何应对经济与社会环境中的复杂性的书还是首次出版。

本书适于所有担任领导职务的企事业单位的管理者阅读，它可以作为伴随你领导历程的一本实战指导书；也可以成为那些有志于当个“好领导”的有识之士的良师，帮助管理者通过领会和掌握 SIILA 模型，能够以积极的心态面对复杂性，敢于拥抱复杂性。

本书也可作为有一定工作经验的 EMBA、MBA 学员的阅读教材，使广大学员对如何认识复杂性、处理复杂性有更深刻的理解。

目　录

第三部分　内　化

第四部分　互　动

第七部分　SIILA 之旅

第一部分

复 杂 性

第一章

决定论的终结

歧路难，今安在？为了完成使命，领导者往往承受着巨大的身心压力。从投资人到公司员工，他们的一举一动都被密切关注着。他们被寄予厚望，他们要实现企业创收，他们要兑现自己的承诺，重任在肩，领导者的压力往往与日俱增。

实现业绩目标，完成工作使命是大多数领导者的工作追求。无论领导者有着怎样“提笔安天下，跨马定乾坤”的勃勃雄心，抑或其他千秋伟业，企业的营收和价值始终都是股东们关注的焦点。

为了实现企业利益最大化，人事招聘经理可谓煞费苦心，他们为招募到新的CEO、总经理、项目经理而欢欣鼓舞；而新上任的领导者也是踌躇满志，跃跃欲试。新领导通常因为既往的优秀业绩而被重用，他们享受着优越的权力，按照自己的风格行事；他们精心筛选员工，全力部署新的发展战略，积极推行以往的成功经验；他们研究新的投资决策，嫁接成功的发展战略，甚至进行公司文化的发展转型。

然而，世事难料，诸事并非尽如人意。他们自认为通过复制以前的成功模式，就会得到同样成功的回报。他们努力做出各种自认为“正确”的决定，但这些决定往往被证明是错误的。很多新任领导不仅无法兑现他们的承诺，还让公司陷入更加糟糕的境地。他们不得不忙于各类善后工作，处理由此而产生的一系列后果。

2020 年新年伊始，领导者们大都确立了自己的五年战略目标，并制定了一整年的发展计划，他们带着自己的初心和使命，踌躇满志，准备迎接新的一年。但是很快，一场突如其来的新冠疫情搅乱了这一切。许多企业都试图将这些问题归咎于新冠病毒。实际上，并不是所有的损失都该甩锅给新冠疫情，只是很多企业和组织的内部问题恰好与疫情交织在了一起。

譬如，2021 年，半导体芯片的短缺影响了全球数以百万计的人。从汽车到手机，甚至是电动牙刷，芯片短缺无所不在。可以这么说，大规模芯片短缺已蔓延至几乎所有电子领域。糟糕的供应链管理造成了全球工业生产的大规模中断，而这些从根本上来说都是因为领导不力，从而导致产品的市场投放速度与供应链的产能规划链接出现了断裂，并不能简单地让疫情成为“替罪羊”。

无独有偶，世界上最大的两家飞机制造商在其标志性新产品发布中也犯了一些大忌，致使他们无法按时按预期的质量和成本交付新型飞机，其价值链中的许多公司因此相继亏损，大批工人因此失去了工作。

2019 年 2 月 14 日，情人节，在其最大买家之一的阿联酋航空公司削减订单后，欧洲飞机制造商空中客车宣布了“空中巨无霸”A380 的停产计划，这意味着人类历史上最大的飞机将退出历史舞台。这个曾经备受瞩目的明星产品仅仅存活了短短的十几年，就退出历史舞台，不免令人扼腕叹息。在宣布停止建造A380超大型客机的决定时，时任空客首席执行官的汤姆·恩德斯（Tom Enders）表示，“空客无法维持生产，停产的决定是令人痛心的”。分析人士估计，该项目耗资超过250亿美元，但因质量和供应链问题项目延期数年，迟迟无法交付。从项目投产到停产，仅仅交付了200多架飞机，尚不到目标交付1 200余架的五分之一，可谓一败涂地。

“梦想客机”波音787也面临着超支、延迟交付以及严重的质量问题，致使公司的项目成本超出预算数十亿美元。波音787原定于2008年面市，但直到2011年才开始交付。从2003年项目启动到2011年交付，其间波音787飞机先后5次宣布项目延期。即便如此，该机型仍存在燃料泄漏、机舱冒烟与起火等一系列重大质量与安全问题。因波音787接连出现故障，早在2013年1月，欧洲航空安全局已下令暂停该客机飞行。而早前日本、美国、印度和智利航空公司也均暂停了波音787客机飞行。截至2020年，波音公司共计丢失900多架飞机订单。

以上案例中的企业，无疑都是优秀的公司。它们无不拥有出色的领导、几近完美的风控体系、堪称取之不尽的资源以及全方位的审核机制。即便如此，这些企业也未能兑现他们的承诺；虽然有着强大的制造能力，却败走市场。而其供应链中的利益相关人，不是赔了钱便是丢了工作，股东利益严重受损。无论是首席执行官、区域总裁、业务总裁，还是各级领导，都曾对自己的工作目标踌躇满志。没有人会去计划失败，但失败却不约而至。

为什么这些领导人会跌落神坛？许多领导人会强调自己是如何为企业带来了业务增长，如何提高了企业利润，如何解决了生产问题，他们习惯用华丽的图表和 PPT 来展示自己的战略和规划。可是每每上了战场，关键时刻，他们却无法完成自己的任务与使命。原因何在？因为他们自认为可预测的结果其实并不可预测，所以他们无法言信行果。

这些领导人往往历经多轮面试、背景调查和心理评估后被聘用，但他们仍然难以兑现承诺。既如此，那为何当初他们会被委以重任呢？这是他们过去的业绩和光环让招聘者对他们满怀信心，这便是片面关注强因果关系的结果。事实上，过去的成功并不能预测未来的业绩，二者之间没有必然联系。我们必须意识到，强因果关系原则上已经不再适用于当今的业务环境。有太多变数在发挥作用，而且这些变数本身也在一直变化。

“决定论”有着多种定义和解释，但它的核心在于期望同样的精确行动产生同样的精确结果。这种认识通常忽略了领导责任和自我控制在现实生活中所扮演的重要角色，忽视了每一个由领导过程“复杂性”导致的结果不可预见性。

那么，我们该如何解决这一问题呢？

领导者必须接受一个事实，那就是结果具有不确定性。这也促使当今的商业环境发生了很大的改变。领导者必须愿意去改变他们的行为、方法、风格和策略以不断适应变化的商业环境。既然如此，为什么还有诸多领导者仍然深信只要按既定计划行事，就一定会得到预期的结果呢？让我们暂且将视线拉回一个世纪前，去探个究竟。

第一节　牛顿范式和确定性领导力

随着工业革命时代的到来，人们从农场转移到工厂。工厂的资本家仅仅将工人视为劳动力，并想方设法地管理他们。机械工程师弗雷德里克·泰勒（Frederick Taylor）于1911年撰写了《科学管理原理》一书，并因此被称为“科学管理之父”。作为一名机械工程师，泰勒熟知机器的工作原理，这也直接影响了他理解世界的方式。在书中，他运用牛顿运动定律，即在日常生活中，任何物体的位置与速度都可以完美准确地加以确定，开发了一套适用于人员管理的理论方法。通俗而言，即通过在组织中拉动正确的杠杆，领导者们就可以获得他们期望实现的结果。这实际上是将劳动者这一群体视为机器，借用牛顿运动定律，认为工厂管理的结果是可以确定并被预测的。

牛顿的决定论，加上强因果关系原则，使领导者对通用方法论确信无疑，即在一种情况下有效的方法在另一种情况下也有效。在这一理念基础上，诸多领导力理论随之诞生。

工业时代的领导力理论始于伟人理论（Great Man Theory）和特质理论（Traits Theory）。伟人理论认为，领导者天生就是要当领导的；特质理论认为，人们会遗传某些品质和特性，使他们更适合成为领导者。这两种理论都认为领导者是天生的，而不是后天培养的。

从20世纪40年代开始，领导力理论开始转变方向，研究者宣称人们只要学会了应对特定情况的理论，就可以成为领导者，这就是行为领导力理论（Behavioral Leadership Theory）。它引发了领导力教育的热潮，尤其在商学院颇为盛行。领导力理论主要有以下四种典型说法。

一、交易型领导力理论

交易型领导力理论（Transactional Leadership Theory）认为，领导者可以通过奖惩措施最大限度地管理好员工，直到各类问题得到解决。如果你有参军经历，就会发现，其实这种领导模式和新兵训练营的管理模式非常相近。在商业环境中，这就好比给工作出色的人物质奖励，而工作糟糕的人则予以解雇。该理论基于这样一种观点：员工是不会自我激励的，需要不断予以监督和指导才能完成工作。在这种模式下，只有领导者与员工互动督促，才能实现预期管理效果。

二、控制型领导力理论

控制型领导力理论（Control Based Leadership Theory）被视为一种行为标准。在这种模式下，领导者被视为权威人物，对事情的发展拥有最终发言权。

三、权变型领导力理论

权变型领导力理论（The Contingency Leadership Theory）认为，世界上并不存在所谓最佳的领导风格。最好的领导者是那些知道如何在不同的情况下采用不同领导方式的人。他们认为，一种领导方法在过去行之有效，并不意味着在未来始终有效。你可能已经察觉到了，这一理论在向我们表明，决定论和强因果关系原则上已经开始在领导力中逐渐失去它的位置。

四、变革型领导力理论

领导力理论百家争鸣，其中变革型领导力理论（Transformational Leadership Theory）的雏形初现显得尤为重要。在变革型领导力中，魅力型领导者往往能够激励组织成员超越自身利益，并努力追求集体目标。

以上理论即使在后来开始融入一些与人相关的因素，但仍然均是建立在一个大前提之下，那就是一个组织可以被视为领导者们用来完成任务的机器。他们通常认为，只要调整一下变量，就能得到自己想要的结果。这种理念在工业时代的确行之有效，当时的资源取之不尽，劳动力唾手可得，组织也不需要利用员工的知识和学习能力来保持竞争力。但这在今天显然是行不通的。

随着工业时代成为我们遥远的记忆，我们必须拥抱知识新时代，这一转变能帮助我们去揭示一家公司成功或失败的真正原因。这意味着我们需要放弃长期以来的固有认知，我们不能再像对待机器那样对待一个组织，而是要把该组织想象成一个有机体。有了这样的认知，领导者才能接纳结果的不确定性，摈弃传统的控制型管理模式，并通过潜移默化的影响带领组织进步。在知识新时代，决定论和控制型领导力已经失去了它们的主导地位。

不管领导者承认与否，他们都无法改变这一事实：我们已经完成了从工业时代向知识新时代的转型。在知识新时代，知识及其运用比机械劳动更有价值，智慧比物质更有价值，思想比资本更有价值。人类的想象力为财富创造提供了源源不断的灵感。

正如彼得·德鲁克（Peter Drucker）所言，如果说20世纪最重要的管理成就是提高体力劳动者的生产力，那么21世纪最重要的管理成就是提高知识工作者的生产力。

在知识比劳动力更为重要的新时代，人们受教育的程度越来越高，信息渠道也越来越复杂和多样化，领导的难度与日俱增。

很多书中都提到，工业时代的领导力已不再适用于我们今天所处的知识新时代，然而却仍然被广泛应用在实践中。究其根本，是因为它们有着机械的特性，容易传授，容易学习，但这并不代表它就能行之有效。

既然工业时代的领导理论在知识新时代已难以发挥作用，为什么领导们还在不断实践呢？因为我们的认知仅限于此。这与平均主义领导力理论不无关系。

第二节　统计范式和平均主义风格

因为没有更好的解决办法，所以我们只能不断地重走老路。即使已经意识到其中的问题也束手无策，只能求助于同样的旧理论和旧实践。著名的德裔美国心理学家库尔特·勒温（Kurt Lewin）先生提出的领导风格理论认为，领导者们通常会使用不同的领导风格，如专制型、民主型和放任型，这些不同的领导风格对团体成员的工作绩效和工作满意度有着不同的影响。该理论可能在统计意义上讲是“有效的”。但在这个知识新时代，我们需要考虑每个人的重要性，以及如何将每个人变成资源。举个例子，如果有十个人买股票，可能有八个人赚了钱，另外两个人倾家荡产，流落街头。就统计学而言，投资股票是有效的赚钱手段，但那两个倒霉的人呢？你认为炒股的结果都能赚钱吗？可以想象一下，在股市中失利的那些人，他们对社会有长期的影响。人并非机器，哪怕最后只有两个流落街头的人，也不能被忽略。

我们不再生活在一个赢家通吃的时代。强因果关系原则已不再具有价值，它逐渐被弱因果原则取代。平均主义认为，相同的输入将产生相同的输出，这也是统计范式诞生的由来。换个说法，表面上看一个公司的平均高管流动率为10%似乎可以接受，因为这个数字看起来不大，而且似乎是可控的，但这个数字背后具有相当的复杂性，谁去谁留会产生巨大的影响，公司也很可能因此而倒退或者前进。

显然，统计数据无法告诉我们全部的事实。对于领导者也一样，过去的成功不能代表将来一定会成功。用平均绩效来判定成功与否也一直颇具争议。比如说，在某些时候，出色完成了十项任务中的六项就足以让你功勋卓著；但如果你同时是十家企业的公司总裁，最终只有六家可以实现盈利，四家却在亏损，这样的结局仍足以让你丢掉工作。这无关平均统计结果，而是关乎一次又一次地兑现承诺、完成使命。在知识新时代，我们无法用特定的工具去测量和分析一个组织或一家企业，因为它们不是机器，不能简单地靠测量几个数字就能预测出结果。劳动力不再是组织或企业的货币，知识取而代之。

当然，即便面临着诸多不确定因素，譬如技术创新、时局变动、全球化等，人们也依然期望今天的领导者能有出色的表现。但是，如果领导者仍然仅把组织视为机器，那么必将难以实现目标。知识新时代的领导者必须与时俱进，做出改变，要把组织当作一个有机生命体去对待，让组织能够在没有领导的情况下，也能不断适应新形势，不断发生新变化。

人、组织、市场、社会等元素都具有相互作用、相互依存、相互学习和不断进化的能力，这就是错综复杂性。它与喷气式飞机引擎或瑞士机械手表不同。这些非生命体的机械部件协同工作，形成一台台复杂的机器。这些机器也是复杂的，但它们不会进化。生物却会不断进化，人和组织都是有生命力的，因此他们是错综复杂的。这就是复杂性范式。

在这个错综复杂的知识新时代，领导者只有从容应对复杂性局面才能完成各种使命。本书将与你详细探讨面对复杂性局面，你应该如何转变你的领导风格，带领你的组织不断适应新形势，不断促成新变化，从而出色地完成使命，确保你的组织在未来持续蓬勃发展。

第二章

复杂性范式

如果一辆汽车没了轮胎，即便是辆豪车，也无法开动；但机械师能帮汽车装上轮胎，让它重新飞奔在路上。如果一块瑞士机械表的齿轮卡住了，那么它将停止工作，但机械师将它修好后，它又夜以继日地走动。无论多么复杂的机器出现问题，虽然它们无法自我修复，但只要机械师按照使用手册对它们进行修理，它们都可以恢复如初。

我们能修理复杂的机器，但面对复杂的社会系统时又如何呢？

2020 年 5 月 25 日，黑人男子乔治·佩里·弗洛伊德（George Perry Floyd）在美国明尼阿波利斯被一名警察暴力执法杀害，而起因是一名店员怀疑弗洛伊德使用了一张 20 美元的假钞买香烟。在冲突中，弗洛伊德脸朝下，戴着手铐躺在地上，被白人警官德里克·肖文（Derek Chauvin）跪脖锁喉近 9 分钟后身亡。2021 年 6 月 25 日，肖文因二级非故意杀人罪、二级过失杀人罪和三级谋杀罪被判处 22 年 6 个月刑期[1]。该事件导致美国数周的大

[1] 本内容来自 CNN 报道。

规模抗议和内乱，让本就饱受新冠疫情之苦的美国企业雪上加霜，创大萧条以来失业率新高，很多企业因不堪重负而倒闭。

这就是复杂性事件，没有任何书本或手册能具体告诉你该如何解决这些棘手的问题。而复杂性也恰恰是当今领导者面临的最大难题，只有懂得如何去处理复杂性，事情才能有进展，任务才能顺利完成。想象一下，如果董事会雇用了一个百无一能的 CEO 或解雇了一个优秀的 CEO，会导致哪些后果？如果一个企业遇到了一个糟糕的总裁，或者一个领导者做出了一个严重错误的决定，会发生哪些连锁反应？企业又该如何应对？

当轮胎从汽车上脱落或手表的齿轮被卡住时，它们会停下来，被闲置在一旁，等待机械师将它们修好。但是，当我们的社会、组织、生态系统出现问题时，它们并不会停下来等着被修复。世界上也找不到任何一名机械师或者任何一本手册能够指导这些问题的解决。因此，领导者如果不能处理复杂性，就会处在痛苦挣扎的常态之中。

人们交互（相互交流）、依存、学习、适应并共同演化。当弗洛伊德被残忍杀害时，社会并没有保持沉默，事件随即引发全美抗议浪潮，继而上升到地方和国家层面，有人甚至还提议解散警察组织。很多时候，当传统的领导者身处复杂的情形之下却不知该如何处理时，事态往往会失控。

杰克·韦尔奇（Jack Welch）一手打造了全球最大的公司之一——通用电气（General Electric），每个人都渴望自己能成为像杰克·韦尔奇那样的人。作为通用电气前首席执行官，杰克·韦尔奇在全球享有盛名，他被誉为“全球第一 CEO（首席执行官）”“20 世纪最佳经理人”“美国当代最成功、最伟大的企业家”。

在担任通用电气首席执行官的 20 年里，韦尔奇进行了大刀阔斧的改革，使通用电气的年营业额从上任前的 250 亿美元增长到 1 300 亿美元，利润由 15 亿美元飙升到 150 亿美元，市值由 130 亿美元攀升到了 4 800 亿美元，从全美上市公司盈利能力排名第十位发展成位列全球第一的世界级大公司。

可是在杰克·韦尔奇退休后，通用电气发生了什么？

通用电气的下一任首席执行官——杰夫·伊梅尔特（Jeff Immelt）在职期间，通用电气损失了数十亿美元的市值。通用电气没能与时俱进、顺应新形势，通用电气的新领导层显然也没有。研究人员发现，通用电气在杰克·韦尔奇的领导下不断发展壮大，走向巅峰。但成功也带来了傲慢，正是这种傲慢扼杀了公司的发展，导致通用电气后来成为美国商业史上最大的败笔之一。

近年来，人们都在谈论着通用电气的傲慢如何导致了这颗工业巨星的陨落。人们试图用批判性思维重新审视通用电气的领导力，这种傲慢让新的领导层坚信通用电气过往的成功能继续给公司带来辉煌的业绩。事实上，通用电气在杰克·韦尔奇退休之后每况愈下。

没有任何东西可以永恒。杰克·韦尔奇无疑是 20 世纪最伟大的首席执行官，其在位期间创造了伟大奇迹，但他也无法保证自己退休之后通用电气能够持续发展、基业长青。一旦领导层更迭，一切就都变了。

通用电气的失败也不能归咎于外部环境的变化，不论外部环境变得如何恶劣，领导者都要做出成绩。对于通用电气而言，首席执行官从杰克·韦尔奇变成了杰夫·伊梅尔特，它的组织环境也不可避免地跟着发生改变。这种改变实际上并非坏事，关键取决于新的领导者能否接纳这种变化的复杂性。领导者应不断从自我做起，带领整个组织不断学习、积极适应。只有这样，像通用电气这样的领导层交替才不会给原本优秀的企业带来毁灭性的灾难。

如果说通用电气是一个败在战略调整上的典型案例，那么丰田则是一个正面案例。到目前为止，丰田蒸蒸日上的持续发展从未受到领导层换届的影响。

丰田汽车的历史始于 1933 年，其前身是一家织布机生产企业。丰田喜一郎在丰田自动织机制作所成立了汽车部，1937 年汽车部正式从丰田自动织机制作所中独立出来，成立了丰田汽车工业公司。从那时起，丰田就以其卓越的品质而逐渐闻名于世。此外，丰田在其供应链管理和供应商合作方面也享有盛誉。2011 年，日本发生大地震和海啸后，丰田的产量同比下降了 78%。惨痛的教训促使丰田开始潜心研究供应链宏观管理，以使自己的生产能够及时应对复杂多变的市场。正是采用了这个新战略，2021 年，当其他企业为芯片短缺而一筹莫展时，丰田几乎未受影响。

众所周知，丰田生产体系（Toyota Production System，TPS）注重在保持质量稳定的同时，使生产计划与市场变化相适应，并按时交货。它在持续改善技术的基础上，最大限度地降低成本，这成为丰田成功的关键。

TPS 已经是一个公开的秘密，并广泛应用于汽车制造、医院、机场甚至是餐厅。但是，丰田成功背后的真正秘诀，是他们一直在坚持把每一件小事做好，并随时保持对所有不确定性和变化的警觉。这种全面警觉是从上至下的，每一个员工都具备风险意识。即便是级别最低的员工，如果发现可能存在的风险，也有权做出决定，立即停止生产线，排除故障，解决问题，员工也为此备感自豪。

丰田一方面通过 TPS 将泰勒的科学管理发挥到极致，另一方面坚持以人为本，培养员工的风险意识，鼓励员工把每一件小事做好，淋漓尽致地发掘员工的主观能动性。就是在这种文化与体制下，虽然丰田也像其他大公司一样，遭遇过许多危机，但却从未改变前进的方向，并最大限度地避免了危机可能带来的消极影响。也许你可以复制丰田管理中的“机械”部分，但是关于丰田管理中“人”的层面，却是关山阻隔，难以复制。

第一节 复杂自适应系统

如果你能认同各种因素的交互作用会导致行为与结果都难以被预测，就不难理解为什么复杂性范式中的结果具有不确定性，这被系统科学家称为复杂自适应系统（Complex Adaptive Systems，CAS）。

在知识新时代，我们不能像对待机器一样对待人。相反，我们必须像对待生命体一样对待人和组织。了解这一点将为今天的领导者提供管理工具，帮助领导者在知识新时代继续带领组织前行。

领导者的工作是建立体系与文化，“把事情弄明白，把事情做好”。一旦出现问题，领导者就要竭尽全力去解决。但如果问题接二连三地发生，那么一定是领导力出现了问题。再举个例子，如果一个公司不断向供应商施压，要求供应商降价，其中的一家 B2B 供应商虽然很清楚降价可能会导致亏损，但迫于压力，最后只能妥协；而另外一家供应商认为自己无法承受这个降价损失，如果客户坚持，就只能终止合作。不难想象，这家公司最终选择了愿意降价的供应商。为了生存，这家供应商只能想方设法，不断降低成本，牺牲质量，结果也不难想象，这家公司将陷入一个质量低劣、财务堪忧的供应系统中，进而引发供应链及产品质量的危机。

供应链中这种对抗关系每天都在上演，其中的根本原因难道不就是领导力的问题吗？这一切都始于领导者未能创建一种相互尊重的文化，即尊重每个人、每个组织在整个流程中的职责和任务。领导者可能每天都会处理类似的事情，其中能够接纳复杂性、愿意不断学习，包括向供应商或者客户学习的领导，方能妥善处理问题。因此，对于一家公司来说，不管是哪方面出了问题，从根本上来看肯定都是领导的问题。

这一切都源于领导者没能创建一种相互“尊重”与相互“学习”的文化。这是一个相互关联和相互作用的复杂性问题，企业的供应商健康发展，才能保证企业的可持续发展。领导者不能只顾眼前和自家的利益，而忽视供应商的利益；不能只关注成本，而忽视潜在的质量风险。领导者如果能接纳复杂性，看到事物之间的关联性，就能带领组织与供应商之间相互尊重、相互学习，维持和谐的合作关系，实现双赢。

第二节　引导复杂性

高层领导的招聘并不容易。每成功聘请到一位高管，招聘经理都会觉得无比幸运。随后，新领导上任，组织会启动自己的复杂自适应系统（CAS），从而根据新领导的行为方式进行互动、学习、适应和改变。在新领导的带领下，组织逐渐发生新的变化。

新领导也许并不是一位好领导，例如他曾经多次失败，但从未吸取教训，这些最终都是无法隐藏的，招聘经理可能没有及时获悉，但在组织中很快会被发现。与领导每天打交道的人将会受到影响，慢慢发生负面变化。有些人会选择观望，他们寄希望于新的领导能够正视问题，迷途知返；同时，也有一些优秀的员工会选择辞职，抑或开始变得有戒心，失去效率，失去动力，并逐渐对那位新上任的、糟糕的领导感到失望，失去对他们的尊重。在这种情形下，这位新领导显然无法把事情做好并达成预期目标，因为他失去了人心，无法凝聚组织力量。

事实上，我所认识的一位领导者，就曾有这样类似的经历。他在四十五岁左右时的名字叫迈克尔。迈克尔无论是在职业生涯还是私人生活方面，声誉都很差，屡屡出现不合规的道德问题，还因此数次被解雇。为通过新公司面试，他给自己换了一个新名字——汤姆。加入新公司以后，汤姆仍旧我行我素，不思进取。六个月之后，老板觉察到了汤姆的异样，女同事们也都刻意与他保持距离；汤姆的团队也慢慢了解到他的过去，开始窃窃私语，和汤姆逐渐疏离。汤姆的老板在了解了“迈克尔”的真相后，决定开诚布公，和汤姆好好谈一谈他的未来。他告诉汤姆：“我已经了解了你的过去，现在有两条路摆在你的面前，要么请你离开公司，要么请你从现在这一刻起就改变自己。我对你在合规与道德问题上将持零容忍的态度，这是你最后的机会。如果你想继续留在公司，就请拿出你的决心和担当，用你的行动去证明你的改变。”

这场严肃的谈话深深触及了汤姆的内心，使得汤姆深刻意识到，并不是给自己起个新名字就能重启人生，他必须由内而外做出真正的改变。汤姆不再掩饰过去的错误，他与自己的团队坦诚沟通，痛改前非，言出必行。事实上，汤姆是个聪明的人，业务能力也很强，发自内心的改变让他脱胎换骨，他的团队也随之焕然一新。

这是一个领导者成功转型的案例，汤姆愿意做出改变，成为更好、更强的领导。但是，如果他拒绝改变呢？那就必须将他从组织中剔除，以保证组织不受负面影响。我们将在本书的第四部分更多地讨论关于领导者该如何去认识和领导像迈克尔或汤姆这样的人，如何给他们严厉的爱。

雇用一个糟糕的领导者能毁掉整个组织，但这并不是绝对的。倘若他能积极面对严厉的互动，由内而外改变自己过往不好的行为习惯，进而深入了解组织的复杂性；积极面对和处理各种棘手的问题，那么“浪子回头金不换”，组织也会随之发生改变和进步。

组织是一个复杂的自适应系统，你无法阻止它改变，但你可以引导它向着你所希望的方向不断前进。这就是复杂领导力的艺术。

第三节　接纳复杂性

在当前日新月异发展变化的商务环境中，公司面临的复杂性不言而喻。当领导者面临交付成果的巨大压力时，他们很可能把所有时间都花在推动成果的产出上，而非通过接受复杂性来理解公司脉动，进而推动公司的持续发展。

让我们再来看一个例子，以进一步了解领导者接受复杂性的重要性。

2013 年 12 月，丹尼斯·米伦伯格（Dennis Muilenburg）被任命为美国飞机制造商波音公司总裁。他于 1985 年以实习生的身份加入波音公司，经过工程和项目管理的历练。在被任命为总裁之前，米伦伯格是波音公司国防、空间与安全业务（Business Defense Space & Security，BDS）的负责人。

米伦伯格上任后承诺将波音公司利润率从 9%提高到 15%。为此，他照搬之前在国防、空间与安全业务部的做法，采取了大规模裁员行动。[1] 2015 年，他被任命为波音公司 CEO 后，不顾波音公司不断增长的销量，继续裁员 13%。当时，华尔街还非常欣赏米伦伯格；《彭博市场》杂志曾经专门刊登了一篇题为《上涨，一路上涨》的关于米伦伯格的文章；他还被评为《航空周刊》的年度人物。

大规模裁员增加了波音公司的利润率和现金流，波音公司还启动了一项自制计划，将先前由供应商提供的部分外购部件改由自己生产制造。

与先前制定的战略不同，波音公司于 2017 年专门成立了一个名为波音航空电子公司的部门，致力于航空电子和电子系统的研发与生产。

---

[1] Scott Davis，Carter Copeland，Rob Wertheimer. *Lessons from the Titans*. McGraw Hill，2020.

在给员工的一份公司备忘录中，米伦伯格表示，“我们可以进一步降低成本，为客户创造更高的价值”，这恰恰也是前任领导决定业务外包时使用的理由。显然，这一战略方向与初衷南辕北辙。

自己制造某些元件并非不可取，但如果不清楚自制所需成本，不懂所需要的知识和技术支持，就另当别论了。就好比你经营一家餐厅，你大可不必自己去养牛产奶，因为这需要另一套不同的专业知识和技能，且伴随着很高的成本和风险。在餐厅，您最好专注于食物烹饪，并提供相关的良好服务，而不是亲自去种植蔬菜、饲养牲畜等。我们应让专业的人去做专业的事。如果你希望运用垂直整合战略，让企业拥有更多的专业职能和更大的发展规模，当然也可以；但这需要长期的实践和谨慎的操作才能实现，而不应该是在迫于成本削减压力之下的不得已和仓促之举。

技术创新和飞行安全对于航空业的竞争至关重要。随着成本的不断降低，鱼和熊掌，不可兼得。因此，当许多领导者考虑如何削减成本以实现短期利润时，技术创新就成为他们的首要目标。波音的领导者承诺提高利润率，同时兼顾优异的技术性能，那么结果如何呢？

在波音最大的竞争对手——欧洲飞机制造商“空中客车”（Airbus）率先推出了 A320 neo 飞机后，为了与之争夺市场，波音公司不得不加快了 B737 Max 的上市速度。

2018 年 10 月 29 日，一架狮航 610 航班波音 737 MAX 飞机在起飞 13 分钟后坠入印度尼西亚婆罗洲群岛附近的爪哇海，机上 189 名乘客和机组人员全部遇难。2019 年 3 月 10 日，另一架埃航 302 航班波音 737 MAX 飞机在埃塞俄比亚比什福图镇附近起飞 6 分钟后坠毁，机上 157 人无一生还。

调查发现，波音 737 MAX 增配了自动防失速系统，即“机动特性增强系统”（Maneuvering Characteristics Augmentation System，MCAS）。但波音却没有将此变更告知飞行员，也没有在飞行手册中对其进行说明，导致飞行员对 MCAS 的存在并不知情。因为，如果在飞行手册中提及此系统，波音公司将无法在短时间内得到美国联邦航空局（Federal Aviation Administration，FAA）认证，并获得监管部门批准的飞行许可，这将意味着新机型面市的时间延迟和成本增加。

MCAS 一旦判断飞机失速，不需要飞行员介入即接管飞机控制，并使飞机低头飞行，如果在较低的高度激活 MCAS，就会导致飞机自行大角度俯冲并坠落。那么，波音失事飞机的 MCAS 为什么会在较低的高度被激活呢？调查显示，波音公司设计的 MCAS 只有一个传感器。如果该传感器出现失误，没有第二个传感器来进行验证。这种关乎生命的功能竟然在设计生产中没有保证应有的冗余度，实在是一种近乎疯狂的冒险。

无论是飞机，还是高灵敏度的医疗设备，以及其他跟生命息息相关的机器设备，都会考虑冗余设计。这容不得一丝侥幸。飞机工程师在如此关键的设计中没做冗余，要么是愚蠢且无知的，要么就是为了大幅度地降低成本。正是由于米伦伯格创造了一种盲目追求成本降低的企业文化，才使得工程师藐视生命并带着侥幸心理从事设计，以达到低成本的目标。这也正是 737 MAX 只设计了一个传感器的真正原因。

即使在飞机失事后，米伦伯格也没能积极善后，他缺少应有的担当，未能和股东充分沟通，对事务的轻重缓急处理不当。2019 年 12 月 23 日，米伦伯格被迫卸任波音公司首席执行官。

米伦伯格并不是不知道成本削减会带来如此不堪的后果，但他想不到单传感器的 MCAS 系统会导致 B737 MAX 坠毁。他从未计划让公司蒙受这一切关乎经济和声誉的损失，但这一切却都在一瞬间发生了。

为什么？米伦伯格没有复杂性意识。适用于国防业务的裁员计划并不适用于整个波音公司，尽管短期内裁员计划能让财务状况看起来不错，但是存在很大的风险。降低成本和保持企业竞争力的初衷固然是好的，但底线思维几乎没有。

为什么在裁员 13%的情况下，波音公司还在幻想着加速 B737 MAX 的研发面市，并与空中客车 A320 neo 竞争？

为什么 MCAS 设计只放了一个传感器，而没考虑冗余？

为什么飞行员没有接受与 MCAS 相关的培训？

为什么 MCAS 在飞行手册中未被提及？

为什么公司会面临如此巨大的成本削减压力？

为什么在危机管理过程中，米伦伯格没有领导者应有的担当？

为什么事发后他与联邦航空局、媒体、政府机构、员工的沟通与互动如此不力？

是什么使米伦伯格在追逐利润与收益的道路上迷失了自我，并将公司也带入了同样的险境？

这就是复杂性。过去适用的方法和策略不一定适用于现在。降低成本的底线到底在哪里？企业文化是否会变得无法修复？公司的声誉是否会受到无法弥补的损害？这些问题都值得每一个想练就复杂性领导力的人去认真思考。

米伦伯格并未直接参与MCAS的研发，这项工作均由工程师们负责完成，但这一事件正是复杂性系统的体现。事件的结果虽然取决于组织中各个层级所采取的行动，而不只是高层，但高层的言行会影响这些组织行为，因此高层对结果负有最终责任。

一名领导者必须接纳复杂性，并具备复杂性意识。

第四节　如何成为一名复杂性领导者

曾在IBM全球服务部门工作的戴夫·斯诺登（Dave Snowden）提出了一个名为Cynefin模型的概念框架，以帮助领导者做出决策。Cynefin模型源自复杂自适应系统理论，该模型提供了一个情景分类指南，可用于解释情景类型，以及如何应对各类情景。根据Cynefin模型的五个域，当事件处在高阶域中时，问题也同样可大可小。

通常，小而清晰、显而易见的问题很容易得到解决，可以通过感知—分类—响应（Sense-Categories-Respond）的过程来解决。检查系统和标准的运营系统便能很好地解决这类问题。例如，当你回到家，发现第二天早上泡麦片的牛奶没了，虽然工作了一天，你已经累到不想再出门，但这毕竟是个很容易解决的小问题，你只需去一趟附近的超市就行。

大而繁复的问题需要应用专业知识和专业分析。这些问题可以通过感知—分析—响应（Sense-Analyze-Respond）来解决。比如说，在去超市买牛奶的路上，你发生了车祸，处理损坏的车辆是一个繁复的问题。除了打电话给警察定损外，由于你没有修车的专业知识，因而需要把车开去修理店找技工，他们会分析车子出了什么问题，然后把它修好。

混乱的问题是指全新且没有秩序的问题。“波音 737 MAX”的坠毁就是一个混乱问题。当这些新问题发生时，你必须迅速采取行动，然后重建秩序。混乱问题没有系统级别的因果关系，可以通过行动—感知—响应（Act-Sense-Respond）去全力解决。

还有一类则是复杂性问题。在涉及复杂性问题时，我们一般很难界定事件的原因，因为有很多未知情况。在组织中，领导者要处理的问题大多是复杂性问题。因为结果存在诸多不确定性，公司也在不断改变和演化。此时，领导者需要积极投入，深入了解各种复杂性以及其中的关联性，然后通过探索—感知—响应（Probe-Sense-Respond）去解决问题。

让我们回头再看看乔治·弗洛伊德的案子。当店员怀疑弗洛伊德使用假钞并报警时，这还是一个处在初级阶段、非常简单又容易处理的问题。警察可以将他带回警局，让法官和相关专家通过法律流程来处理。可是警察没有这么做，而是亲手制造了一个极其混乱的局面，用极端残忍的手段对待弗洛伊德，而其他在场的警官都袖手旁观，他们共同让问题进一步复杂化。就这样，一个简单的问题变成了一个复杂的问题，它开始以不同的形式蔓延，一发而不可收，影响规模不断扩大，涉及全国上下，造成了不可估量的负面影响。

有人说，复杂性问题是人的问题。从某种程度上来说，这个观点有一定道理。组织是复杂的，人们通过相互交流、相互依存、不断学习、不断适应，以进入一个更好的阶段。大多数领导者会告诉你，他们大部分时间都在处理复杂性问题，而其中与人相关的问题是最难的。了解这种复杂性的领导者，他们会亲力亲为，亲自处理重要岗位的招聘、解决裁员和其他冲突，并制定整合策略，及时反馈和纠正他人行为。领导者往往会在人员决策与人员沟通上花费大量的时间。对于与人相关的任何一个决定都可能产生深远且持久的影响。只有接受并理解了复杂性，领导者才能更合理地处理复杂性问题并做出正确的人事决定。成功的领导者无一例外都具备复杂性意识。

复杂的问题可以参考标准的操作流程或者请专家来处理。坦率地说，工业时代的领导理论在解决这些问题方面有其优势。混乱的问题并不会频繁出现，除非组织完全崩溃，或者你真的很倒霉。在知识新时代，成功的领导者必须更清楚如何处理复杂性问题。要做到这一点，领导者需要做到：

（1）了解复杂性；

（2）思考复杂性；

（3）看见复杂性；

（4）信任复杂性；

（5）感受复杂性；

（6）实践复杂性；

（7）处理复杂性。

简而言之，领导者必须接纳和理解复杂性，并用复杂性领导力处理复杂性问题。而通过 SIILA 模型，领导者可以应对结果的不确定性，并很好地处理复杂性。

那么，领导者应如何借助 SIILA 模型，不断提升自己的复杂性领导力，进而实现企业目标，并逐步实现自己的职业梦想呢?

有很多书都会介绍领导者如何通过管理他人去实现目标。在本书中，我们不谈如何管理他人。我们将探讨身为一名领导者应如何通过 SIILA 模型管理好自己，如何通过严格的自律与修行，去成就组织，成就自己。“正人先正己”，如果你连自己都无法管理好，那么你怎么去管理别人呢?

第五节 SIILA 模型——以“严厉的爱”去互动以解决复杂性

正所谓“爱之深，责之切”，我们爱我们的孩子，因为爱他们并希望他们变得更好，我们才会在他们犯错时严格去纠正他们，甚至惩罚他们。这是对孩子严厉的爱。

严厉的爱是 SIILA 模型处理复杂性问题的基础。人人都爱自己，领导者也一样。领导者通常对自己要求非常严格，他们牺牲了很多时间，牺牲了家庭、爱好、睡眠甚至是健康，他们努力学习和工作，承受着巨大的政治和业绩压力。严厉的爱可能不会总是让领导者和他的组织感到愉快，但它会让他和他的组织更加成功、更有安全感。

作为一名领导者，SIILA 模型将帮助你更好地管理自己，用严厉的爱与自己互动，进而成为一名复杂性领导者，以更好地适应和应对知识新时代的复杂环境。借助 SIILA 模型，领导者可以通过系统思维和内化，获得正确的观念和思维方式；用严厉的爱与组织内外部进行多层次交流互动，继而学习、领悟，升华自我，适应新的自我，并完成使命。

在结果具有不确定性的知识新时代，即现在常说的乌卡时代。乌卡时代是一个具有现代概念的词组，是指我们目前正处于一个易变、不确定、复杂、模糊的世界里。VUCA 指的是易变不稳定（volatile）、不确定（uncertain）、复杂（complex）、模糊（ambiguous），将四个英文的首字母组合起来，构成一个完整的概念。掌握 SIILA 模型中以“严厉的爱”和“系统思维”为基础的 5 个步骤来处理复杂性，领导者就可以最大限度地把事情做对、做好，如图 2－1 所示。

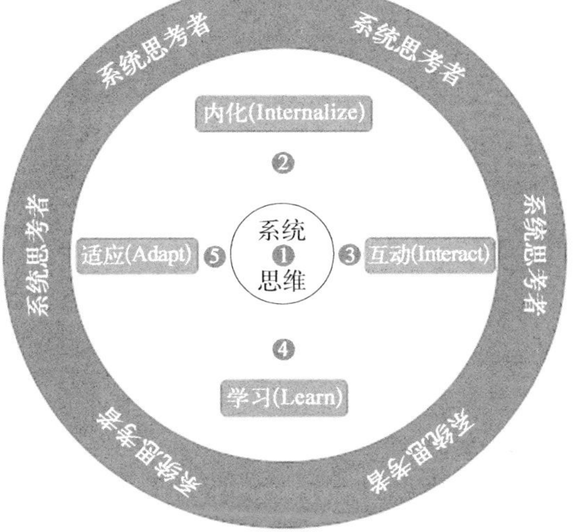

图 2－1　ⓇRathninde 解决复杂性的 SIILA 模型（当结果不确定时）

1. 系统思维

我们常说“团结就是力量”“人心齐，泰山移；独脚难行，孤掌难鸣”。集体的力量永远是大于个人的。当领导者掌握了系统思维时，他们就会理解事物内部各个部分是如何相互关联的。

这意味着在工作中，领导者需要用全局观念和思维去创建科学的工作方法与流程，从而带来积极正向的工作结果，并最大限度地规避意外与风险所带来的消极后果。我们将在本书第二部分详细论述。

2. 内化

这是用“严厉的爱”与自己互动中最重要的一部分。它需要你去深入了解自己，充分洞察和理解自己成为领导者的真正动机。如果一个领导者能够将系统思维和复杂性意识真正内化于心，他的个人价值就会在不知不觉中融入每一个行动中，无须刻意为之，而成为一种无意识地发自内心的行为。在本书第三部分，我们将讨论如何端正自己的领导动机并管理好自己。

3. 互动

这是用“严厉的爱”与组织互动。人们会不断与组织内外进行互动。如果领导者希望了解事情真相，或者更深入地理解一些事件，就必须与各个层次的人进行交流。领导者不可能在会议室开个会，或者与直接下属谈个话，就能了解组织的真实情况和正在发生的事情真相。我们将在第四部分讨论用“严厉的爱”的互动，包括用坦诚的态度充分调动组织的积极性，并在不破坏组织秩序的前提下，把事情做到最好。

4. 学习

当你与人交流互动时，你自然而然地成了复杂系统中的一部分，你会了解到很多你不知道的信息，学习到很多新的知识。你的工作能量正是来源于各类信息、各类知识以及各个工作细节。在本书的第五部分，我们将讨论领导者如何发现自己的知识缺口，进而学会自我管理，并通过创建学习型组织，推动组织整体的不断发展。

5. 适应

无论好坏，组织都在不断适应和演化。作为一名领导者，当你通过交流互动掌握了系统思维并将复杂性领导力内化于心时，你会对自己的知识缺口了如指掌，并对它进行完善和修复；然后你将进入适应阶段。这就好比一个复杂性系统，当领导者改变了自己，组织也会随之改变。在不断变化的环境中，领导者应不断适应新的自己、新的环境，周而复始，不断促成新的发展模式，促进组织的良性持续发展。这部分内容我们将在本书第六部分具体探讨。

第二部分

系统思维

第三章

互联性

为了有效解决复杂性问题，当今的领导者需要认识到：在一个动态的商业环境中，事物之间有着千丝万缕的联系。

倡导环保主义和未来主义的英国著名科学家詹姆斯·洛夫洛克（James Lovelock）提出了“盖亚假说”，他认为，地球是一个复杂的系统。在这个系统内，有机生命体与无机环境进行着错综复杂的相互作用，以维持在地球上生存所需的气候和生物化学条件，使地球持续适合生命的生存与发展。换句话说，这个假说认为，地球上所存在的一切宜居要素，包括氧气、水、气候和酸碱度等，实际上都是有机生命体自发且无意识地与周围环境相互作用的结果。

其实这个理论同样也可以被应用到商业环境中。在商业环境中，一切要素也都是互联互生、互相依存、互相作用的。如果一个领导者无法理解这样一个万物相生相克的“生态系统”本质，那么他又怎么能发展业务、赢得利润、取得成功呢？

想要业务长青，无往不利，领导者就必须认识到业务环境中方方面面的相互关联和作用。经营的成功、环境的保护、健康的企业文化和社会大环境的影响，它们都相互关联，密不可分。

这也恰恰就是为什么当下的投资者们除了紧盯财务指标外，还把目光投向了环境、社会和治理（Environmental，Social，and Governance，ESG），并由此来综合评估一家企业的长期投资价值。ESG是许多投资者用来筛选潜在投资机会和评估一家公司综合水平的一整套标准。

在环境方面，这套标准会评估一家企业如何与自然和谐共生。它是向当地饮用水源中倾倒有毒废水，还是积极植树造林实现碳中和？

在社会方面，这套标准会评估企业如何处理它和员工、客户、供应商以及周边环境之间的关系。是员工经常满腹牢骚，抱怨甚至起诉公司，还是员工经常感受到公司和管理层对他们家人般的关怀备至？

在管理方面，各项指标直指企业管理层的领导力，包括高管薪酬审查、财务审计、公司内控和股东权益等方面。

以上关键点在于，对于这些衡量标准，人们很难区分孰轻孰重，它们对于当代企业的经营管理而言都是至关重要的。如果领导者不能理解这些要素之间的相互关联和作用，就很容易陷入举步维艰的境地。

同理，领导者也应该明白组织作为整体，要比任何个人或事，甚至领导者自己，都要重要得多。只有组织中每一个员工的业务目标完成了，领导者的总体业务目标才能完成。因此，组织中每个人的财产、生命、自由和幸福都至关重要，这些并不是领导者的专属。

大约200年前，维克多·雨果说过：“多建一所学校，就少建一所监狱。”教育能够改变人们的行为，让人们远离犯罪，甚至能够改变他们的人生轨迹，帮助他们做出更好的人生选择。加州大学伯克利分校曾就教育对犯罪的影响进行研究，结果表明，“学校教育显著降低了犯罪率”，相关原因有很多，也很复杂。同一项研究估计，20～60 岁男性的高中毕业率每提高 1%，美国每年可减少与犯罪相关的成本支出 14 亿美元。

由此可见，良好的教育能够深刻地影响人们的意识形态。无论是从社会层面还是从经济层面，相比于雇用更多的警察或是设立更多的法庭和监狱，教育都能更有效地减少犯罪。

当然，受过教育不代表你就一定守法，也有些受过高等教育的人身陷囹圄。但在是非对错、道德伦理上，相较于没有受过教育的人，受过教育的人一定更有辨别能力。

我们之所以要探讨这个问题，是因为我们需要时刻提醒复杂自适应系统内部的相互关联性，所有要素都息息相关，相互作用和影响。

在系统科学中，我们学习到的第一课就是你探索的系统范围是由你设立的边界决定的。本书讲述的是如何理解和处理复杂性，并由此在一个组织中有所作为，虽然组织的边界并不像盖亚系统那样浩瀚无垠，但就理念而言是一致的。

了解了复杂自适应系统的特性，让我们继续深入了解组织内部是如何互联互动的。

第一节 组织内部的互联性

在工作中，我们通常都是按照业务计划行事。我们妥善安排人力资源、经营场地、营运资本，以及其他一切最有效的资源来实现业务目标。我们用各种各样精准的计算模型、财务系统来明确投资预算、场地需求和报价策略。我们的各种决定之间彼此关联、互相制约，好比如果你不增加投资，就难以拓展业务。

当然这是互联性中最为简单易懂的部分。在具体执行过程中，领导者要避免因过于机械化而低估了其中的复杂性，这比上面提到的资源分配决策困难多了，因此今天的领导者都应重视。

我们所见的每一个领导之所以成为领导者，通常是因为他们有着伟大的使命、愿景和战略。而一旦成为领导，执行力将是领导生涯中最为困难的部分。失败的领导者往往不是因为缺乏伟大的使命、愿景和战略，而是常常败在执行环节。执行计划，需要招募团队、整合组织，进而管理运营，直至完成目标，这便是一个复杂性过程。因此，一旦出现问题，领导者就需要运用复杂性思维，综合反省错在哪里：

（1）是人员招聘出了问题？

（2）是组织整合没有做好？

（3）是运营管理没做到位？

以上几点都是互相关联的。领导者要完成目标，就应当对人员招聘、组织整合和运营管理这三个方面高度关注、全面负责。其中，与人相关的问题是领导者在组织中需要处理的最棘手的问题。因此，招聘、整合或者运营管理的权力不能轻易授予他人。如果聘用了不合适的人，该负责的不是其他人，恰恰是领导者自己。因为招聘人员的是你，整合团队的是你，运营管理的也是你，所以你必须对这一切负责。

我们来看一个真实的例子。

有一次，我的一位 IT 总监所在的部门离职率高达 100%，这意味着他团队中的每个人都在一年内换过工作。每次有人离开，我都会听到这样的评论：

“这次雇错了人。”

“他没有很好地融入团队。”

“这个人无法胜任工作，所以我让他离开。”

“他无法承受工作的压力。”

当员工以这种高频度从一家公司离职时，公司的业绩必定会受到影响。没有稳定的员工，领导者不可能完成任务和实现预期的绩效，同时也将对公司领导层的声誉产生很大的负面影响，对于这样的领导者，可能很少会有人愿意为他工作。

为此，我直接询问 IT 总监：“你想过员工频频离职的真正原因吗？你在公司哪个环节还没负起应有的责任呢？是在公司的员工招聘、人员分工上还是在运营管理上呢？”

他花了很长一段时间进行了几轮讨论才意识到问题出在他身上。他没有全面承担起招聘、人员安排（团队整合）和运营管理的责任。离职率很高，在他干预之前，虽然是管理上出了问题，但他却总是不自觉地责怪别人。

他最终明白了这个道理。正如他自己所言，这种认知上的觉醒就像一个黑暗的房间里突然打开了电灯，他开始看清事物。从此他改变了自己的行为，成为团队中最优秀的领导者之一。员工流失率直线下降，绩效显著提高，他手下的员工以及同事和领导都非常乐意与他共事，他与他的团队成为紧密团结的一体。

以上所述，并不代表管理者需要事无巨细、凡事亲力亲为。

相反，一个运营良好的组织是被高度授权和赋能的。但因为所有事件都是互相关联、互相影响的，所以领导者需要对所有后果全权负责。

那么，领导者应该如何洞察和管理组织内部相互关联的复杂性呢?

你可能见到或亲自设计过传统的组织架构。从组织架构中，我们可以看出领导者和他们的直接汇报人、间接汇报人以及业务指标相关人之间的各种关系，也可以看出每个人在组织内运作的标准流程。虽然管理者的偏好和战略不同，组织架构的样式或许多种多样，但其实都大同小异。几乎所有创造价值的活动都需要多个跨职能部门的参与，就如公司的组织架构图，来自工程、财务、销售、法务、供应链、IT 等各部门的成员相互关联，直接或间接地发生联动作用，也许每个人都有不同的直接汇报对象，但他们因为一个组织的共同目标凝聚在一起，互联互动，创造价值。

实际上，一个组织的真正运作要复杂得多。很多你看不到的人与人之间的“关系”之作用力和反作用力无处不在，错综复杂。比如有些基层员工和公司管理层可能周末会送孩子去同一个课外辅导班，或者他们的孩子们碰巧在同一所学校里读书，有些领导和他的同事可能在业余时间参加了同一支球队，或都是同一支球队的忠实粉丝；有些领导与他的同事可能是校友；有些员工之间甚至可能是彼此的前任或现任恋人；等等（如图 3-1 所示）。

我们并不是说这些就一定好或者不好，但毫无疑问，任何领导者都无法回避这样或那样的潜在关系。组织中的人们彼此关

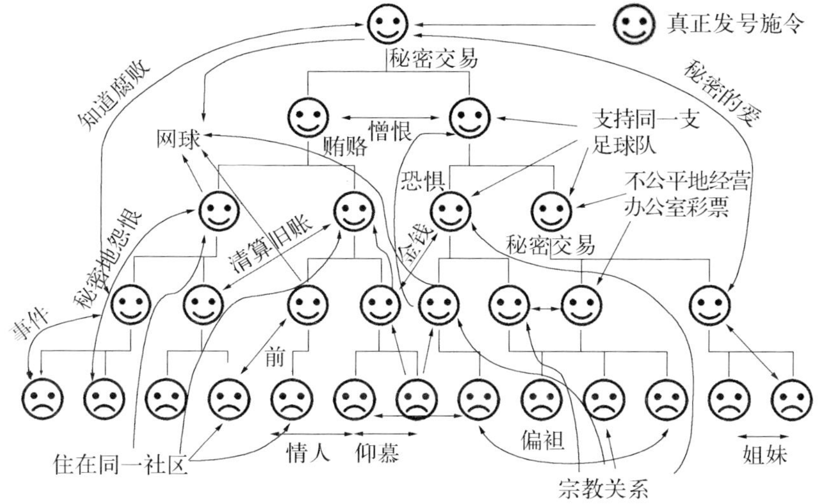

图 3-1　组织内部互联性示意

联；更准确地说，他们彼此依赖、互相依存，而这些往往存在于所谓组织架构或者运营流程之外。

面对这样的错综复杂性，领导者也许会束手无策，认为无法完全掌控这些微妙的细节，实际上他们完全可以通过为组织内部的文化、价值观和信念定下基调，从而为工作环境筑起边界。这种文化直接作用于组织的各个层面，深刻地影响组织内的互联互动，并进一步对工作的质量产生影响。

让我们来看一个反例。

2001 年，在通用汽车研发生产一款名为 Saturn ION 的车型的过程中，工程师和技术人员同时发现了一个点火开关的故障，如果实施修正方案的话，每辆汽车的成本大约增加 1.19 美元。最终，出于对成本的考虑，这个修正方案被否决了。与此同时，这个点火开关的设计还被广泛应用到了其他车型上。

2005 年，媒体报道了第一起因为点火开关失效而致死的交通事故。发生故障的点火开关会导致车辆在正常行驶中突然切断电源并关闭发动机；一旦车辆电源被关闭，遭遇碰撞时安全气囊便无法打开，发生交通事故后往往都是致命的。但事故发生后，通用汽车并没有承认这个问题，也没有采取改正措施。后来发生了多起交通事故，致使超过 100 人因此伤亡。

2019 年，由于大量车主的抗议，通用汽车出现贬值，并最终与车主们达成了 1.2 亿美金的和解协议，同时拿出 26 亿余美元用于支付各类罚金和其他和解协议，其中包括用于解决美国司法部发起的一宗刑事案件的 9 亿美元。除此之外，通用汽车还拿出近 3 500 万美元用于诉讼费用和其他相关开支。[1]

在这个案例中，通用汽车的领导者需要处理的是本公司内部、客户、供应商、政府机构、社会和媒体之间的庞大复杂性系统。而这完全是因为最初决定不实施价值 1.19 美元的修正方案而埋下的大祸。也许当时通用汽车首席执行官本人并不知情，但不管是谁向组织内部传达了这项决定，大家都坚信这就是首席执行官的意愿。调查发现，即使在 13 人丧生后，通用汽车内部还有领导者向工程师授意不要解决这个设计问题，因为这会使每辆车增加 1.19 美元的成本。真可谓因小失大，得不偿失。

实际上，当第一起致死事故发生的时候，组织内部的沟通渠道确实向通用汽车管理层传递了社会和客户的声音。在当时，管

[1] 本消息来自路透社 2020 年 3 月 28 日报道。

理层还有机会亡羊补牢。然而他们选择了“屏蔽”这些声音与互动，后果便是更多的伤亡事故接踵而至，毁掉了无数幸福家庭，也让通用公司名誉扫地，不仅支付了数十亿美元的高额赔偿和罚款，也严重损害了股东与客户的利益。

这个案例充分说明了在复杂性范式中，互联互动给组织带来的巨大影响。

下面我们来看另一个关于组织内部复杂性以及公司内部互联互动提高生产力的例子。

在新冠病毒大流行期间，很多 CEO 认为企业的工作场所和工作方式将会发生巨大的变化，远程办公将会替代传统的工作方式，即使到现在，很多员工还在维持着远程办公的状态。

我们再来回想一下弗雷德里克·泰勒对于管理的理解，管理者把劳动力当作机器管理；在这种理论指导下，组织内的互联互动（如果劳动者们被允许互联互动的话）并不是好事，因此劳动者彼此之间是相对疏离的，而当前的远程办公与此类似，就是一种缺少互动的办公模式。但 CEO 们很快发现，这种适用于工业时代的“轻互动”模式，难以在知识新时代发挥效用。相比于集中办公，远程办公所实现的企业文化和效率水平要差得远。

毕竟，人是社会性动物。那些茶水间的分享、会议中的私语、电梯中的偶遇、搭车时的闲话，还有用餐中的聊天，都不可小觑。当人们聚在一起的时候，工作的效果会更好。当他们分享彼此的生活、成长故事和事业成就时，不知不觉地，一边激励着别人，一边激励着自己。于是，整体会展示出更高的工作效率，这是远程办公永远无法企及的。

第二节　领导者为什么必须对一切负责？

波音 737 MAX 飞机坠毁是因为 MCAS 的设计只有一个传感器，而缺少冗余传感器。

通用汽车 Saturn Ion 车型点火开关出现故障，以致造成致命事故，是因为工程师在车型上市之前未能修正设计缺陷。

空客 A 380 和波音 B 787 的多个项目延误和技术问题是由糟糕的供应链决策引发的。

这些暴露出来的事情，往往都只是冰山一角。也就是说，冰山的大约 90%都隐于水下，我们能看到的只有水面之上的 10%。以此类推，组织中的复杂性也是如此。看得见的问题——出错的事情，只是冰山一角。

一个组织还会发生其他各种问题，比如财务指标滞后、质量问题、客户投诉，甚至欺诈等问题。那为什么领导者要对所有这些问题负责呢？公司管理层与这些发生在组织最底层的事件之间到底存在着怎样的关联呢？

在问题发生后，也许有人会说你运气不好或者工作太困难，但真正的大问题——薄弱的基础和糟糕的领导力其实都隐藏在水面之下。就如当你获得成功时，有些人会说你很幸运，或者你的工作简单——但是真正的艰辛付出、坚实的基础和优秀的领导力都在水面之下。

这就是系统思维的冰山模型，唯有深潜入水，才能探索到重大事件的根本原因。唯有在深水之下，领导者才可以看到模式、结构和思维方式，而它们正是组织领导力背后的驱动力。

因此，身处知识新时代的领导者必须具备应对复杂性的系统化思考能力，把大部分时间都花在会议室里制作或审查图表的人是不能成为真正的领导者的。领导者应亲临工作现场，了解一线实情，并肯花时间创造和培养正确的文化和价值观。

第三节　知之不难，行之不易

企业招募的每一位员工都有不同的背景、工作经验和他们自成体系的价值观，因此用企业的价值观同化和凝聚所有人并不容易。不管领导者是否意识到，他们的一言一行时时刻刻都被员工关注，被员工模仿着，正所谓“其身正，不令而行”。

领导者可以用自己的方式创造一个组织，这个组织就像跟随自己的影子一样。当事情出错时，不要指责他人。无论好坏，领导者都要对组织中发生的一切负责。这就好比当你的孩子行为不端时，很可能是作为父亲或母亲的你出了问题。如果领导者无须负责任，那么他们又怎能配得上领导的头衔、权力和薪酬?

这就是为什么波音公司前首席执行官丹尼斯·米伦伯格虽然没有直接参与设计只带有一个传感器的MCAS，但是当这一设计缺陷造成两架飞机坠毁时，他仍然难辞其咎。与所有大公司一样，这个设计很可能经过了内部多个审查和批准流程，但没有在任何一个流程中被质疑和拦截。这说明，组织内的系统结构没能解决这个问题。也就是说，这个系统结构中每一层级的思维模式都认可了这个想法。而思维模式恰恰是领导者所创造的企业文化的基本体现。因此，领导者负有不可推卸的责任。

每个企业都有自己独特的文化和核心价值观。在会议室、电脑屏保、鼠标垫，以及各处办公场所中，到处可见鼓舞人心的口号。实际上，一家企业真正的文化和价值观是隐藏在表象之下的，尤其体现在公司决定雇用谁、提拔谁和解雇谁的决策上。这些决策举足轻重，因为它们是领导者发出的信号，可能会最终影响一家企业的成败。

比如，一家公司的某个部门出于正当理由要解雇一名表现不佳的员工，而另一个部门则试图阻止，甚至想调该员工到其部门工作，这一事件便折射出公司内部存在文化和价值观上的冲突，需要领导者及时统一公司内部的文化和员工思想。

下面是发生在我身上的一个活生生的例子：曾经有一名员工不仅在本职工作中表现不佳，还暗中兜售减肥保健品。管理层给他发了正式的警告函，并给了他一次改正机会，希望他能在另一个部门重新开始。但他并不珍惜，一直未作出改变。为了保护公司的其他人，我最终选择解雇了他。当时，另一个部门提出愿意雇用这名员工，但被我一口拒绝了。

他们百思不得其解，直到我问了这个问题：一个在 A 部门不能遵从公司价值观和文化的人，会在 B 部门摇身一变，成为公司文化和价值观的认同者吗？最终，他们理解并认可了我的做法。

如果团队思想不统一，就会让组织里的双方都失去对彼此的尊重。此时，领导者的一举一动都扮演着重要角色。首席执行官和所有领导者都应该参与进来，把消除不良的企业文化、提升优良的企业文化作为己任。如果这种问题被升级到了 CEO 的高度，领导者首先考虑的不应是解雇或者调动谁，而应该问问：为什么公司的高层对于公司的价值观和企业文化存在不同的解读？是哪里出了问题？

如果高层领导都不能在价值观和文化上保持一致，又怎能期望基层员工践行公司的价值观和文化呢？在上面的例子中，我们最终做了正确的决定，维护了公司的价值观和文化。

这就是系统思维中的哪些关键点能让领导者在复杂的环境中快速成长。如果领导者无法掌握系统思维，并学会用系统思维处理事情，就谈不上在复杂性环境中发挥领导力了。

回想一下我们在上一章讨论的系统思维的 SIILA 模型。在这种模式下，系统思维是帮助你顺利进入复杂性环境并探索领导力的钥匙。只有接受它、拥抱它，用它来武装自己，才能成为复杂性领导者，才能正确处理复杂性。

图 3－2 概述了从最深层次的领导力，到思维模式、系统结构、行为模式，直至最后浮出水面的事件或者结果之间的相互关联、相互依赖的关系。如果领导者对组织的思维模式能够产生积极影响，那么它将创造健康的系统结构，并最终构建可以产生积极结果的行为模式。同样，如果领导者的行为导致错误的思维模式，那么它所创造的系统结构只会导致不良的事件和结果。举个例子，如果领导者只关注成本，将他的所有精力聚焦在降低成本上，那么势必会在组织中潜移默化地形成以降低成本为首要任务的思维模式。这个组织的管理层就开始相信，他们赖以生存和保住饭碗的唯一途径就是降低成本，而后这种思维模式就会在整个组织中一层层传播开来。

甚至有些领导者还建立了专门的奖励机制来鼓励那些在减低差旅费用、材料成本、设计支出和裁减人员等方面做得最有成效的员工。这类奖励机制对于单纯降低成本而言确实有效，但可能

图 3-2　领导责任模型

会给组织的未来埋下隐患，最终将导致组织和领导者的失败。

假设有一家公司没有达到预算目标而必须削减成本。财务总监（CFO）立马表示，停止全部招聘和差旅活动。若这位财务总监的办公室是距基层员工和管理人员有 10 000 英里（1 英里约为 1.6 千米），试想他能对日常运营需求有多少了解。

又或是一夜之间，公司的财务内控部门突然发布了新的差旅审批政策，要求各级高管逐层审批一切差旅申请，哪怕是基层的某位质量工程师要去客户现场以解决质量问题，需要买张 10 美元的火车票，也必须得到总部的高管批准。如果连这种事都不允许当地的经理们做决策，为什么还要雇用当地的管理层？简直是滑稽透顶。

试想一下，如下情况将会导致什么样的可怕后果？如果这位质量工程师因为没有及时得到总部高管的审批，而没能及时去客户端处理质量问题，导致事态扩大；如果某位产品工程师因为总部高管没能及时批准出差，延误抵达生产基地，错失了现场解决设计问题的最佳时机，进而影响即将上线的新项目投产；如果工程师因为预算紧张，不敢提出解决安全隐患的设计方案，等等。

让我们再次回顾一下 Saturn Ion 车型的点火开关故障和波音 B737 MAX 未设计冗余传感器的案例。在这两个事件当中，这些所谓“小妙招”都降低了直接成本。但最终的结果是损失了数十亿美元，失去了消费者的信任，也付出了数百人的生命代价。

平心而论，这些公司的首席执行官并没有对工程师下达具体的工作指令。但是，公司领导层是否无意中已经创造了一种不惜一切代价降低成本的思维模式，进而创造了相对应的系统结构，并直接影响到了行为模式？在这些情况下，行为模式导致公司在不考虑风险或者缺乏风险平衡能力的情况下盲目降低成本，直至付出了了沉重的代价。

需要记住的是，没有哪个单一的指标值得让领导者们孤注一掷。为了公司的长治久安，所有的指标都是至关重要的。短期运营绩效对于确保公司生存，直至长期投资产生回报的确非常重要，但同样重要的是 ESG，它们可以让公司生机勃勃，实现长远可持续发展。

有时，根据特定时间段工作的轻急缓重，领导者可能不得不花更多的时间和精力在某个特定的领域，但他们往往都会尽量避免过度聚焦，以免形成整个组织争相趋向该指标而忽视其他工作的思维模式。例如，如果领导者过分关注未来创新，而对公司当下日常工作关注不够，就会造成一种片面的思维模式和结果。

在学习和掌握如何规避这类风险方面，那些注重与组织中不同层级互动交流的领导者，通常要比忽略沟通交流的领导者们有着更多的发言权。

领导者的一举一动总在潜移默化地影响着整个组织，无论是积极的，还是消极的，最终都会在整个组织中纤毫毕现。在下一章中，我们将讨论这种影响如何涌现，以及领导者如何合理面对。

第四章

涌　现

每一位领导者都会说，他们正在领导一场变革。这些变革可能涉及方方面面，生产场地的变更、组织架构的重建或转型、产品的重新定义、新市场的开拓，或者扭亏为盈，乃至数字化转型、企业文化变革，等等。

挑战现状，领导变革，是领导者被赋予的责任和使命。实际上他们也为此花费了大量的金钱和时间。他们聘请行业专家、创建改革团队，审批各种提案，只为了让一切朝着更好的方向发展。然而，实际推行中可能会面临这样或那样的复杂情况，会出现各种各样意料不到的结果。

例如，一个领导者发现，如果将三个区域的独立运营上升为全球性统一管理，就能减少在每个区域的重复性投入，提高业务管理的透明度，削减职能部门人员和费用，将利润提高5%。这一提案让领导者激动万分，顾问和改革团队甚至还提供了一些其他公司的成功案例，这让大家更加充满期待。

但设想一下，如果这样运营一年以后，区域团队发现，远在总部的全球领导者很难了解当地客户的需求，同时当地客户也对公司渐渐失去耐心。公司很有可能因此丢失客户，造成利润缩减。然而到那时，远离“一线”的改革团队可能已经宣布改革成功，而正着手下一个项目。这就使领导者和股东们陷入进退两难的境地。

那么，这是哪里出了问题？

从表面上来看，改革团队所做的一切可能都是正确的，但我们要看到更深层次的问题。虽然领导者想把公司从状态 A 改变到状态 B，但最后的结果很可能是变成了状态 C。在这里，“涌现”这个词最好地诠释了这一点，也体现了这类变革中的自然行为状态。

第一节　何为“涌现”？

如果你不是一位复杂性科学家，你很可能觉得“涌现”（Emergence）这个词听起来像是一部会引起轰动的外星人电影，实际上它描述了系统思维的一个关键部分。

“涌现”描述了集体行为如何因周围环境发展变化而顺势发展变化，进而演化为一种新的状态。

“涌现”适用于一切事物，从宇宙如何形成、蚂蚁如何在没有发达大脑的情况下共同创建它们的家园，到社会运动如何发展，甚至企业如何团结一致等。这是一个关于渺小的、独立的部分走到一起，通过互联互动和自我组织、自我进化，创造出一个全新模式的状态。因此，我们说组织是一个复杂自适应系统（CAS），涌现是这一系统的主要属性。

为了更好地理解“涌现”这一概念，让我们先来看看杰弗瑞·简森·阿内特（Jeffrey Jensen Arnett）提出的“初显成年期”这个概念。这一概念描述了从青少年到成年初期（18～29岁）的发展历程。这个时期青少年离开家庭，寻找爱情，完成学业，找到工作，甚至成家立业，形成自己的世界观、人生观、价值观，等等。但是，随着年龄的增长，并非所有的人都会成为独立的、成熟的好公民，对自己的行为负责。有些人的“涌现”是正向的、积极的；有些人的则是负面的、消极的。

对于组织也是如此。但组织的“涌现”往往比“初显成年期”要快得多，甚至这一幕无时无刻不在上演。组织可以以积极的方式改变，把一切带向好的方向；也可能以消极的方式停滞，或者将一切拖入泥潭。

以波音公司为例，丹尼斯·米伦伯格带着美好的意愿进行了大规模的成本削减，他预计改革的结果会是降低成本、提高利润和提高股价。实际上，这导致员工过多地关注成本降低，而忽略了安全性能的重要性，并最终将公司带入危机。

人、组织、社会和市场都是复杂的。我们唯一可以确定的是它们都会随时、自然而然地发生改变。这里还有一个小例子：

我的朋友最近总向我抱怨他的妻子。她是一位温柔美丽的女士，在农村长大，过着简单的生活。结婚后，他把她带到上海，上了大学并获得了 MBA 学位。她在银行工作，并且因为优异的工作表现得到了提拔。现在，她更多地专注于自己的事业了。

我的朋友对他太太的改变感到极度不安。她已经不再是那个淳朴的农村姑娘了，她变成了一位优秀的办公室白领。“你是怎么想的?”我问他,“你把这个聪明的姑娘带到一个大城市,你认为会发生什么?她不改变是不可能的,问题在于你没有改变。”

人具有复杂性,他们会非常自然而然地发生改变。这个情况在知识新时代会显得尤为明显。很多夫妻之间,一个人变了,另一个还在原地踏步,或者根本无法接受这种变化。

工作方面也是如此。一辈子做一份工作已经成为历史。晋升机会和高薪并不能保证帮你留住好员工。你必须不断地与员工交流互动,允许他们改变,甚至热忱地拥抱这些改变。你还必须不断地勉励员工,让他们对工作充满希望和热情。

“涌现”或自然转变会发生在个人层面、组织层面乃至全球经济层面。这里还有另外一个例子。美国在第二次世界大战后成为超级大国,但这并不一定是它的本意。在那之前,美国非常认同英国的超级大国地位。

到战争结束时,美国的制造业领先世界,经济基础雄厚,它就不再想放弃它新确立的世界地位了。同时,美国在重建被战争破坏的城市方面积极投入,不仅创造了新的出口市场,也进一步增强了经济影响力。

我们再来看看中国是如何成为全球经济强国的。1978 年,邓小平开创了改革开放新纪元,允许中国试水市场经济体系。从“让一部分人先富起来”到“发展是硬道理”,坚定地走中国特色社会主义市场经济道路。中国经济在 1999 年加入世界贸易组织(WTO)后呈指数级增长。如今,中国已成为诸多行业的最大市场,许多全球公司里增长最快的业务、收入和利润的最大份额都来自中国。

那么，在业务层面呢？领导者将如何对他所在组织的“涌现”产生影响力？

第二节 让你身边的草更绿

让我们来看看凯恩·梅尔罗斯（Ken Melrose）是如何改造园林绿化设备托罗公司（Toro）的。他通过转变公司的思维模式，创造了新的组织，设计出了更安全的产品，改善了客户体验并降低了成本。而这些也最终提升了公司的效益。

在此之前，每每有客户报告因为使用托罗公司的割草机受伤时，公司就会诉诸法律并与之对峙，这种状况曾持续了很多年。托罗公司一直以他们的产品而非常自豪，所以当客户抱怨产品质量时，他们总是态度傲慢，显得极度自负。

多年来，托罗公司一直在极力捍卫自己的声誉。只要有人说割草机有问题或造成了受伤等事故，公司就会提起诉讼。

19 世纪 80 年代，在公司陷入重大财务困境的时候，梅尔罗斯临危受命成为公司的首席执行官。

梅尔罗斯鼓励各级员工在出现问题时直言不讳。此时，公司中的一些人开始质疑一直以来处理产品致人受伤事件的方式是否正确。

有人开始建议，当问题发生时，与其立即开始法庭诉讼，不如派人坐下来和客户沟通，表达同情和安抚。于是托罗公司制定了一个新的客服流程，并成立了专门的事故处理委员会；规定每当有此类事件发生时，公司要派遣一个由工程师和助理律师组成的专门小组去拜访客户。

助理律师会向客户表达公司对意外事故发生的遗憾，询问客户受伤的细节，告诉客户他们可以诉诸法律；但同时，托罗公司公司也会尽其所能消除客户的担忧，满足客户的要求。

同行的工程师则侧重于事故原因的调查，看看是否需要改进产品设计，使其在未来的产品更新中变得更安全。在这些调查后，人们可以看到托罗公司最终确实实现了一系列的产品设计优化。最显著的优化之一是增加了挂在割草机后面的安全防护罩，这样可以防止人脚进入割草机的下方时，不会触碰到锋利的刀片。

这个专门委员会还拥有决定是否支付客户的医疗费、误工费等多项权益。

让我们来看看通过这些改变，托罗公司最终得到了什么。

托罗公司留住了更多的客户，而且总体上降低了成本。在采用“替代争议解决法”的方案后，托罗公司的成本下降了75%，案件的平均赔付率下降到之前的53%。

在这个案例中，梅尔罗斯并不是那个提出降低成本想法的人。但他创造了一个积极的环境，让所有人畅所欲言，自由地分享彼此的想法。

梅尔罗斯在他的《让你身边的草更绿：首席执行官的服务性领导之旅》一书中写道：“每个人都有潜力为实现公司的目标做出贡献。如果你能驱动员工释放出这种潜力，市场的领先地位和财务成功就将唾手可得。”

梅尔罗斯后来领导公司长达25年之久。

一个人无法单独实现公司目标，领导者的工作其实能释放员工的潜力。因此，“把事情做好”的本质是改造整个公司，最大限度地培养和激发出每个人的真正潜力。

梅尔罗斯意识到，一家公司的“涌现”，无论是好是坏，都取决于领导者。只有领导者有意识地参与其中，接受各种复杂性带来的挑战，充分调动整个团队的积极性，并创造积极的“涌现”，他的团队才会有优秀的表现，并切实地做好他们需要做的事，这不需要领导者的耳提面命。

那么，领导者该如何确保他们在创造一种积极的“涌现”，又该如何避免负面“涌现”的出现呢？领导者又应如何合理把控各类“涌现”的特性，使其为自己服务？

第三节　创造积极的“涌现”

如果我走出办公室环顾四周，就会看到大约 50 个人，他们都在兢兢业业地工作，那么我不在的时候他们会做些什么？我并不知道。我们在国内外有近 50 个制造工厂和办公室场所，我无法每天都去这些地方查看，也不知道他们都在做些什么。但我知道工作都已经完成了。这体现在每月的运营审查、财务业绩和其他业绩指标中，但领导者无须花费太多时间来审查这些图表。然而，今天的很多领导者恰恰将大部分的时间都花在了会议室里，花在了对这些图表的审查上。这是可悲的，而且也许这正是许多领导力问题的根源。

领导者应该把更多的时间花在参与并影响组织行为上。让我们想象一下，A 公司的 CEO 告诉他的总经理：“我的工作就是全力支持你。唯有你成功了，我才能有机会成功。”

而在 B 公司，CEO 告诉他的总经理：“你真是蠢透了。我在辛辛苦苦干活儿，你却在白拿薪水。”

两位CEO都花了大量的金钱和精力，试图让公司成为更好的、可持续发展的企业。

那么，以上两种CEO的信息将如何被层层下达？这些公司又将出现怎样的涌现呢？B公司将会成为一个自我保护型的组织。最后，优秀的员工会辞职，公司的目标将无法实现。如果B公司的总经理真的很愚蠢，那就炒掉他，因为领导者不可能有机会与所有人对话，而每一次与员工的互动都是向所有人传达信息的渠道，总经理就是非常重要的一环。为此，最终的结果是，领导者将对组织产生的消极“涌现”负全部责任。

相反，A公司将更加团结，备受鼓舞。领导者会集思广益、信息共享，让公司的每个员工都以主人翁的精神积极作为，勇于担当，因而他们将更容易达到目标、获得成功。

由此可见，创造积极的涌现其实并不难。关键的问题是，你任用和提拔了什么样的人，你又解雇了什么样的人，不同的决定将会导致组织的不同涌现。

如果内心笃定地认为领导力可以创造组织的思维模式，你就会有意识地创建起积极向上、足够强大的组织文化。这时，员工就会觉得他们做的工作有意义，他们会主动与你以及其他领导者建立起亲密的、深层次的联系。

此时的组织文化才能真正超越贴在墙上的海报和挂在门口的横幅。员工感受到自己的价值，而这又会带动整个组织不断提升产品质量，优化客户服务，减少人员流失，并最终推动效益的不断增长。

第四节　消除负面的涌现

领导者不会故意去尝试失败或者制造可能导致整个公司垮台的负面涌现，可很多时候它还是发生了。结果很难预料，领导者必须时刻保持警惕，以察觉组织中是否开始出现任何负面涌现，这样就可以及早干预，防患于未然。

让我们以工作场所安全性为例加以说明。我们任何人都不希望自己的家人在工作中失去一根手指或一只手臂。每个员工都是一个家庭中的孩子、配偶、父亲或母亲。我们要让他们健健康康来上班，平平安安回到家。

大多数公司都非常重视这一点，有些公司还使用损失工作日（Loss Work Day，LWD）指标作为衡量工作场所安全的标准。如果员工因发生事故而无法在当天工作，就会体现在 LWD 报告中并发布给高级管理层。但事故还是不可避免的，这也给领导者深入了解组织创造了机会。

这些事故到底是真的无法预防，还是源于领导不善？找到原因非常重要。如果这些事故是由糟糕的领导力导致的，而你却听之任之，那么更严重的事故将会接踵而至。

我的公司的一家工厂曾曝出一起 LWD 案例。一名女操作员被压接机压伤了左手，导致多处骨折。当我查看报告时，我注意到“根本原因”的页面列出了八个条目。

当“根本原因”不止一个时，领导力本身就是根本原因了。于是我进行了进一步的调查。

工厂经理在绩效的压力下，不断督促生产主管提高效率。这些主管发现压接机的安全防护罩降低了生产效率，因为操作人员每次工作前，必须先打开安全防护罩，装载好零件，然后关闭防护罩后才能运行压接。如果移除防护罩，就可以节省时间、提高效率。

我的调查还显示，工厂内所有压接机（33 台）的安全防护罩都已被拆除。

我终于看到了真相。这一真相揭示了一种忽视工人安全的做事方式。因为工厂经理认为提高效率和利润比员工安全更重要，虽然他们没有表达出来，但这种思维模式却已然深入人心。

这就是为什么领导者必须为此负责。

后来我和我的人力资源总监、运营总监一起去看望了那名受伤的员工，以表达我们真诚的关怀和慰问。我还这家工厂的每个员工分享了这个案例，并就员工安全的重要性进行了强化教育。

试想一下，这种负面的涌现——“削减成本以提高利润”，会给公司带来多大的损害？它可能会导致更多的事故、更糟的质量、更多的处罚和更高的成本。谢天谢地，我们还没有走到那一步。

当诸如 B737 MAX 飞机失事这种大灾难发生时，再去修复负面涌现，为时已晚。其实在很多大灾难发生之前，会出现各种警示的涌现信号，领导者要敏锐感知并果断采取行动，以及时修正涌现的发展方向。

有些领导者可能会辩解，说他们没有时间深入了解每一个问题的细节。是的，这是事实，每个人都有繁忙的日常工作，但领导者最终要对工作的成果以及组织中发生的一切负责。对于一个成功的领导者来说，没有什么比培养积极的涌现更为重要了。为此，领导者必须直面挑战，培养积极的涌现，避免消极的涌现。我们称之为“解决复杂性”。

在这一部分，我们讨论了系统思维，它是处理复杂性的基础。请大家记住下面几个关键点：

（1）一个组织的整体利益比任何个体都重要，包括领导者自己。只有当组织内的每个人都完成目标，整体的利益才能实现，领导者才能完成目标。

（2）领导者须对组织中发生的一切负责。因为领导者创造了组织的思维模式，进而创造了对应的系统结构，并影响到了组织的行为模式。

（3）成功的领导者应该让自己成为榜样，要用严厉的爱与自己和员工互动，要善于学习和接受积极正向的“涌现”，并努力规避破解消极的“涌现”，以推动组织目标的最终实现，这应该成为领导者的第一要务。

接下来，在本书的第三部分，我们将讨论 SIILA 模型的内化，以及如何通过更多严厉的爱的互动将之不断深化。

第三部分

内　化

第五章

领导力的动机

2004 年，亚利桑那州格伦代尔雷鸟全球管理学院的商学院院长安吉尔·卡布雷拉（Angel Cabrera）博士发起了一个名为“商业誓言”的项目，类似于医学专业人士的“希波克拉底誓言”（Hippocratic Oath）。“商业誓言”的宣誓者将以誓言来指导自己职业生涯中的每一个决定。

当时我在雷鸟全球管理学院的商学院攻读全球管理硕士。毕业那天，我有幸在卡布雷拉教授面前宣誓，誓言是这样写的：“作为一名雷鸟和全球公民，我承诺：我将努力做到诚实正直，我将尊重所有人的权利和尊严，我将努力为世界创造可持续的繁荣，我将反对一切形式的腐败和剥削，我将为我的行为负责。我将始终坚守原则，愿能换来崇高的荣誉和内心的安宁。我自愿以个人的名誉在此立誓。”

宣誓后，我们每个人都收到了一张印有这段誓言的精美卡片。自那以后，在我担任中层经理职务的岁月里，我每天都会背诵一遍誓言。那些赞美诚实、正直、尊重，反对腐败、剥削，勇于承担责任，坚持可持续发展的话语一直萦绕在我的耳边。当时我还不明白雷鸟商学院为什么要这样做？那些都是再平常不过的道德准则，难道不是每个人都应该遵循的最基本的工作守则吗？

现在，我终于明白了我当初的想法太过天真。在现实的职场中，很多领导者或迫于压力，或被一些错误的认识驱使，做出了并不道德的事情，这种情况不胜枚举。例如，在金钱诱惑面前，一个 100 美元的处方就能治疗的疾病，医生可能因为提成而选择给病人做一个 5 000 美金的手术；律师也可能通过延长诉讼时间以获得更多的佣金。可见，将商业誓言内化于心是多么重要，因为诱惑无处不在！

培养领导者强烈的荣誉感、责任感和担当精神已成为一种挑战，这至关重要。它与商业技能无关，它源自领导者的内心深层的动机。正确的内心觉知和动机有助于建立组织信誉，也有助于培养股东、员工和公众的集体责任感。

第一节　信念的力量

我在斯里兰卡长大。8 岁的时候，父母把我送到主日学校，和哥哥姐姐一起学习。我本以为我只是来学校玩玩的，却稀里糊涂地参加了一个全国性的考试，结果还发挥得很出色。几个星期后，我和妈妈在路上遇到了主日学校的老师，她告诉我妈妈，我以优异的成绩通过了考试。那时，我并不懂得荣誉是什么，参加考试对我来说也是件新鲜事儿。一周后，学校举行了一个颁奖典礼，我得到了一张精美的荣誉证书和一本名为《佛法》的书。我至今还记得那本书的第一页写着：“诸法意先导，意主意造作，若以染污意，或言或行业，是则弱随彼，如轮随兽足。”

它是用巴利语写的，巴利语是从梵语衍生而来的一种古老的印度语言，也是佛经的语言。在巴利语中，“马诺”（Mano）的意思是“心念”，在上面的原文诗句中出现了四次。诗句的意思是：

我们所经历的一切皆始于心念，我们的言行也因心念而生。如果我们的言行由邪念而生，痛苦就会结伴而来，不悦的境遇和经历均是必然；如果我们心持恶念，无论走到哪儿，都会创造恶业；只要仍被邪念所困，就无法摆脱苦难。一切苦难都会追随行恶之徒，犹如牛拉的车，车辙永远跟随牛的脚印方向。

简而言之，它讲的就是心念是如此强大，心念主宰着一切。所有感觉、知觉和其他的心理状态都随着心念的产生而产生。这其实不难理解，就像有时候我们食不知味，视而不见，听而不闻。

这首诗来自 2 500 多年前佛陀对僧侣们所说的话。僧侣们问他为什么一个名叫卡库帕拉（Cakkupala）的僧侣是位盲人。佛陀解释说，卡库帕拉的前世是一名医生。一位盲人妇女向他求助，希望能将她的眼疾治好。眼疾让这位妇女深陷绝望和痛苦，她答应卡库帕拉，如果能让她重见光明，作为报答，她将和她的孩子永远做他的奴隶。卡库帕拉觉得这是个很好的交易，经过努力，他终于让那位妇女恢复了视力。但此时妇女又担心自己和她的孩子们会被奴役一辈子，于是撒了谎。她告诉卡库帕拉，她的视力变得越来越差。

卡库帕拉当然知道她在撒谎，所以他对妇女实施了报复。卡库帕拉给了她一种药膏，使她彻底失明。卡库帕拉的这一恶行，使他在以后的轮回转世中多次失明。当然，我讲这个故事不是为了讨论重生问题，也不是为了让大家花费时间去思考它背后的哲学。我想说的是，心念的力量是无比强大的；邪恶的心念会导致邪恶的行为，而痛苦必会伴着恶念而致。

在我 8 岁那年读到这首佛诗并开始理解它时，我真的被吓到了！那时的我甚至连“领导者”这个词都不知如何拼写，但我很快就明白了这个道理：如果你对别人做了坏事，坏事最终也会发生在你自己身上。

放眼当下，有多少领导者最终失败甚至身陷囹圄？他们或是毁了企业，或是伤害了他人，破坏了社会和周边环境，即使侥幸没被抓到，也终日难以安心入眠。

人的心念至关重要。这就是为什么在处理复杂性的 SIILA 模型中，我们需要撕去所有伪装，用严厉的爱与自己的内心互动，以获得正确的动机。进而内化于心，外化于行。

中国古代伟大的哲学家老子曾经说过：“知人者智，自知者明；胜人者有力，自胜者强。”心念的力量强大到难以被估量。它可以让你化为天使，也能让你堕为恶魔。历史上的例子数不胜数。

印度独立运动的领袖“圣雄”甘地（Mahatma Gandhi）是非暴力不合作运动的缔造者，他的主张影响了全世界，并激励了世界各地的政治活动家，包括马丁·路德金（Martin Luther King）、纳尔逊·曼德拉（Nelson Mandela）和马拉拉·尤萨夫扎伊（Malala Yousafzai）。尤萨夫扎伊在十几岁时，就公开反对禁止女孩接受教育。他 15 岁时因“为受剥削的儿童及年轻人、为所有孩子的受教育的权利抗争”而荣获 2014 年诺贝尔和平奖，成为该奖项最年轻的得主。帮助这些领导人实现使命的无一不是心念的力量，它甚至超越了包括金钱和武力在内的一切力量。

第二节　不良领导力背后的心理状态

无论身处何职，仅靠头衔并不能让你成为一个好的领导者。虽然我们并不推荐使用弗雷德里克·泰勒的方法论或公式来界定领导力的优劣，但我们还是可以从很多方面对此进行甄别。

上一节我们讨论了心念的力量：不良的心念会让领导者做出不良的举动。

让我们试着从心理学的角度去理解一下不良领导力背后的心智模式。

在工作场所，我们可能很少听到“黑暗人格”这个短语，但在心理学中它被许多心理学家认为是理解人们为何犯罪的关键。构成黑暗人格的三种性格特质是自恋、马基雅维利主义、精神病态。下面就让我们来看看黑暗人格在领导力中的体现。

1. 自恋

自恋（narcissism）源于希腊神话故事。传说，一个猎人爱上了自己在水池中的倒影，不能自拔，最后被淹死了。这个故事很好地诠释了自恋。自恋型人格特质的领导者常以自我为中心，喜欢自我吹嘘、内心傲慢、缺乏同情心，不接受批评。

2. 马基雅维利主义

意大利外交官尼可罗·马基亚维利（Niccolo Machiavelli）在1513年写了一本名为《君主论》的书。许多人认为，这本书阐述了领导者为了维持政治统治而采取欺骗或残忍杀戮等不道德行为，用工具理性来解剖政治，剥离了道德。因此，马基雅维利型领导者的特点通常是表里不一、自私自利、操纵他人、缺乏情感和道德。

3. 精神病、精神障碍

具有精神障碍人格特征的领导者往往缺乏同理心或不思悔改，有反社会行为，操纵他人且情绪反复无常，难以理解和掌控。

那么，领导者该如何避免黑暗人格？如果你够幸运，像我一样被童年的故事震慑住，坚信如果做了坏事，坏事就会跟着你，犹如车辙跟随牛的脚印，那么你在内心深处会始终有一道深深的底线。

如果你小时候或之后并没有被这类故事震慑内心，那么犯罪、支付巨额罚款或丢掉工作的各种威胁就可能发挥相同的作用。恐惧虽然不是最好的动力，但它确实能帮你走在人生正轨上，直到你在内心真正理解做好人、做好事的意义。

在系统思维那一章中，我们讲过领导者需要意识到整体比任何一个独立个体都重要，包括领导者自己。除非集体中的每个人都能完成目标，否则领导者无法完成使命。因此，领导者需要有集体大于个人的信念。在知识新时代，员工都非常智慧，他们会通过述职报告、宣传海报、大型演讲和员工大会判断出一个领导者的价值观。因此，我们不能只是表现得像一名优秀的领导者，我们必须真正成为优秀的领导者。

第三节　你为什么想要成为领导者？

这是一个常见的面试问题。如果在谷歌中搜索，许多面试专家都会给出这样的答案：我喜欢公司的愿景和价值体系，它与我先前的经验及未来职业目标相吻合；又或我在现在的公司遇到了发展瓶颈；等等。这些事先准备好并经过充分演练的答案，实际上并没有揭示出你内心深处想要成为领导者的真正原因。作为领导者，有很多显而易见的福利，包括财富、权力和名誉。大多数领导者能挣更多的钱，这从他们开的车、去的度假地、居住的房子，以及孩子就读的学校等方面都能判断。同时，领导者也有很大的社会权力，他们总是在开会时在头排头座，经常得到特别的欢迎和优待；或可以获取各种奖励，能在旅行时乘坐头等舱；等等。这些事情看起来都很美好，但这也恰恰成为领导者想要成为领导的错误动机和理由。如果他们只想着这一职位带来的金钱、地位与权力，那么当他们为了公司发展不得不殚精竭虑、疲于奔命时，就会感到迷茫沮丧。

我领导过各种大大小小的团队，小的只有 10 名员工，大的超过 30 000 名员工。请相信我，在这些领导岗位上没有真正的权力，相反，只有责任。我们要为每一个决定负责，不论决定是好是坏。我们只要看看一些国家领导人就职前后的照片就能明白了，他们卸任后，几乎所有人都长出以前没有的白发和皱纹。虽然这不排除自然衰老的因素，但许多专家指出巨大的压力是最主要的原因。

谈到领导人所获得的声望或社会地位，其实许多领导人最后都希望尽可能减少这种关注。能在餐厅里安静地用餐，或者穿着舒适的家居服享受一顿自制的晚餐，要比穿着西装在 500 人的注视下享用一顿奢侈的山珍海味大餐有趣得多。要承受这些关注并在公共场合有着得体的表现，需要付出很多努力。

那么，成为领导者的良好动机是什么呢？其实有很多。它们更多地会与个人目标、员工或企业责任相关。有些领导者可能有一个伟大的梦想或使命，比如让世界变得更加环保、绿色，实现太空旅行，创造更多的就业机会，以及投资下一代，等等。教师们对此有着更为深刻的理解，他们总是想帮助孩子超越自己。当他们得知自己曾经的学生如今成了医生、教授、工程师或者总裁时，总是备感欣慰。他们乐于帮助和鼓励孩子们，喜欢看到孩子们的茁壮成长。

好的领导者也是如此，他们希望自己能帮助并见证员工的成长。他们深知，通过帮助员工实现成长，可以完成比你想象中更多的事情。这也是完成工作任务的第一个秘密武器。要做到这一点，你必须让员工感受到你的关心是发自内心的，是真正关心他们，并且希望他们成功的。要记住，这种真心容不得半点虚假。

良好的动机也可以源于个人进步的愿望或者满足一种美好需求，比如，担任领导者岗位以保持家族企业的活力，或者担任更高级别的职务以确保企业能良好地运营管理。不管动机是什么，好的领导者永远不会仅仅为了个人的利益而选择成为领导。

这本书是关于在结果不确定的情况下，领导者如何通过严管厚爱式的互动来处理复杂性和完成任务的，其中有很大一部分内容能帮助你找到自己成为领导者的真正动机。

接下来，我们将更加深入地探讨领导者关于自我内化和自我认知的力量。

第六章

掌控自己的力量

要解决复杂性问题，我们首先必须从解决自身问题开始，这意味着我们需要了解自己的人性。我们无法避免与自己打交道。与生活中的任何其他关系一样，与自我的关系也需要爱和尊重。自爱给了我们认识自己的理由，而自尊要求我们展现我们的价值观，履行我们的承诺。这意味着我们必须认真地对待自己的每一个部分。

自我探索的旅程是一场生命的修行。在这一生的旅程中，你不断探索自己，发现自己是谁，自己喜欢什么，不喜欢什么。这个旅程会让你直面内心最深处的恐惧、疑虑、脆弱和不安，会考验你的价值观和道德底线。

亚里士多德曾经说过："认识你自己是所有智慧的开始。"那就让我们开始吧。

我们先来看看被很多人视为"管理之父"的彼得·德鲁克是如何认识自我的。

彼得·德鲁克逝世于 2005 年，他被《商业周刊》杂志誉为现代管理的"发明者"。虽然许多人会把他的名字与企业管理联系起来，而且他的工作似乎也是在做公司管理。实际上，彼得·德鲁克一直在努力尝试创建一个被他称为“运转良好”的社会。

20 世纪 30 年代中期，德鲁克是伦敦一位成功的年轻投资银行家。他很擅长这项工作，但他看不到自己的工作能给世界带来什么影响。德鲁克认为，相比较于获取财富，对人类产生影响更为重要。他告诉自己，成为公墓里最富有的人毫无意义。虽然当时他并不富有，但他觉得自己必须在价值观和工作之间做出抉择。尽管经济持续萧条，他还是选择了辞职。在之后的岁月里，他成为一名顾问、院士和作家，成为管理理论和实践领域最著名、最具影响力的思想家之一。他从不同的大学获得了超过 25 个荣誉博士学位，包括 2002 年美国总统乔治·W. 布什授予的“总统自由勋章”。

第一节　为什么你想要了解自己?

想象一个并不了解自己的人，他嘲笑他以为应该嘲笑的人或事物，他关心他以为应该关心的事物，他的所作所为基本上符合别人的要求和期望。但他的内心没有一个真正驱动他前行的动因。

生活中有很多这样的人和事，有一件事让我记忆尤为深刻。有一次，我去参加一个葬礼，一对年轻夫妇也前来参加。他们俩看上去似乎很伤心，他们一边哭泣，一边向身边的人诉说朋友妻子的离世如何让他们难过得寝食难安。我们听后都很悲伤。大约一小时后，这对夫妇离开了。后来我们得知他们去了一家夜总会，开了一整夜的派对。他们在葬礼上是真的伤心吗？他们在夜总会时能开心吗？很难分辨哪个是真，哪个是假，也许他们自己都不知内心真实的感受和需求。后来这对夫妇离婚了，同时还失去了许多他们亲密的朋友。

人们可以从你的行为中去判断你真正关心的东西。一位领导者可能会通过仪式化地植树来表示他们对环境的重视；也可能会通过访问敬老院和提供大笔捐款来表示他们对老人的关心；也许他们还会通过邮寄新年贺卡和发送新春祝福来表达对亲朋好友的惦念和感激。也许当你在走廊遇见他们时，他们还会与你握手，并称赞你干得有多好。热衷于这些事的有真正的领导者，但其中又有多少领导者只是为了让自己看起来像一个员工们期待的好领导。其实，员工们都很聪明，他们很快就能看穿这些虚情假意。一个领导者能够真正激励人们去完成任务的唯一方法就是做到真实。假装往往比根本不关爱或不尊重更加糟糕。

在我的职业生涯中，我始终努力工作。38 岁时，我已经在美国一家公司担任总经理。大多数老板都很欣赏我，我是他们的得力助手。当我开始获得晋升时，有时我的前老板会成为我的同级甚至下属。当我是他们的下属时，他们欣赏我的干劲和我所做的额外工作；但当我与他们平起平坐或超越他们时，有的前老板就不再喜欢我，不仅把我视作竞争对手，甚至还要赶我下台。幸运的是，大多数的前老板还是喜欢我的，也为我的成长感到骄傲。

他们的不同反应都揭示了他们的真实本性。他们中有多少人真正关心员工并投资他们的成长？又有多少人是为了追逐某个领导职位背后的各种利益？这些动机并不难辨别。

了解自己很重要，这样你就不会成为被奉承或被操纵的牺牲品。比如说，一位你认识的25岁的年轻女性走到你面前告诉你，你看起来真的很帅，很年轻。可你心里明白你已经年过半百，近60岁了，体重200磅（1磅=0.454千克），头发灰白。当她那样说的时候，你心里会怎么想？

再比如，员工大会后有人过来告诉你，你的演讲真棒，你真是一位好领导，听到这些赞扬时，你的内心又有何感受？

如果你真正了解你自己，就不会被那些只是想对你表达友善或者阿谀奉承，想从你身上得到一些益处的人所蒙蔽。

此外，了解自己将有助于你更享受领导者这一角色。你可以自由地表达自己的好恶，而不用担心损害自己树立的领导形象，即人们常说的“人设”。你将更多地对你想做的事情说“是”，在压力下也敢于说“不”。这将帮助你更好地决定选择或拒绝什么，比如聘用谁或解聘谁，从而打造一个凝心聚力的团队。

对于一名领导者来说，了解自己的最大的好处，就是它能提升你的自控力和自我良知。当你了解自己时，你就能抵制坏习性，培养好习惯；你就可以与不公平、不诚实和不道德的现象或行为勇敢地作斗争。

当今世界，我们的生活节奏越来越快，我们很少停下来和自己对话，问问自己的内心：我们是谁，我们想成为谁？因此，如果我们不了解自己，一不小心就会受到外界的诱惑或左右。

第二节　自我领导力

如果有人要为人生编撰一本手册，第一章就应该是自我领导力。如果我们不能管理好自己，就无法去管理他人。当你练习提升自我领导力时，你就要先了解你是谁，你就会确定你想要什么——目标，并且有意识地引导自己走近它们。自我领导力可以让你明确你要做什么（what）、为什么做（why）以及如何做（how）。很多人把所有的时间都花在了工作上，却没有时间留给自己去思考。当他们离退休越来越近时，才忽然意识到自己活了大半辈子却不知道自己喜欢什么，才试图去弄明白他们对艺术感兴趣还是对高尔夫感兴趣，是喜欢静心阅读还是喜欢远足旅游。

工业时代的人们相信工作就是工作，工作之外的生活才是现实生活。这让人们为了保住“饭碗”不惜一切代价，这意味着工作或者职业不需要成为一个让他们快乐或者获得成就感的事情。进入知识新时代后，几乎所有的员工，尤其是那些担任领导职务的职业经理人，醒着的大部分时间都在工作场所中度过。如果再去掉一天中吃饭、睡觉的时间，真正属于自己和家人在一起的时间少得可怜。因此，在某种程度上，你需要在工作中获得快乐、满足和成就感。如果说工作或这份职业仅仅是一个挣钱养家的事情，或仅仅是一个让你有机会过上更好生活的事情，那都是在自我消耗生命。

那么，我们是从什么时候开始了解自己的呢？

想象一个 8 岁的孩子在操场上打架。如果家长问：“你都干了什么惹恼了其他孩子？”这可能会刺激孩子开始了解他们的内心。相反，如果家长叫孩子去报复，第二天去把跟他打架的孩子揍一顿，他们就是在告诉孩子出错时，要去责备别人并大声发泄。这个例子的答案是，一个人可以在很小的时候就开始了解自己，它将伴随你终生的旅程。

人又是很复杂的，“改变”将贯穿于人的一生。

改变有时可以是一些很小的变化。有一次，我和一个朋友在上海的原法租界的市中心吃午饭。当面包和黄油上桌时，我的朋友说她从来不吃黄油。我很震惊。如此美味的黄油怎能错过，我忍不住劝她不妨尝一口。最后，她把我逗乐了。面前的她，当黄油碰到她舌头的那一瞬间，她的眼睛都亮了。她这才发现自己其实很喜欢黄油，我们最后又多点了一份。这也许是因为她过去吃到过不纯的黄油，并从此断定自己不喜欢它。直到这次的尝试，她才发现自己竟是喜欢黄油的。就像我说的，了解自己是毕生的旅程。我们中有多少人会认为，我怎么会不了解我自己呢？

和许多其他领导者一样，我在刚开始了解自己的旅程中，并没意识到帮助他人成长的价值。在我职业生涯的早期，作为一个独立的个体，以及一名年轻的工程师的我，最重要的是不惜一切代价完成工作来证明自己。当我开始不断晋升成为大型全球性企业负责人时，我才意识到完成任务最有力的方式其实是帮助他人成长。从此，我更新了我的价值观，在自我的价值体系中，我继续秉承诚实与公平的价值观，并加入了一条：育人和助人成长。这说明，随着自身的学习和成长，你需要不时地引入新的价值观。

下面是一个自我领导的实用方法。要更多地了解自己，可以问三个关于你自己过去、现在和未来的简单问题。在此，我称之为“自我领导力三问”。

（1）我如何一路走来？

（2）我如今身处何地？

（3）我明天去往何方？

用你自己的方式写下这些问题的答案。没人会知道，所以要对自己诚实。当你回答“我如何一路走来?”这个问题时，你写下你做了什么、为什么那样做、如何具体做的。其他问题也用同样的方法写下来。

如果你还没有想过要了解自己，那么这将是一个很好的启动方式。回答这些问题将有助于你寻求自我领导力。有些问题可能很容易设想，也许你也会很容易地描绘出你在事业、生活、社会、家庭、教育等方面的成就，但最重要的是要问自己为什么。花些时间去审视你的内心，发现你目标背后的真正价值观和动机，要对自己诚实。当你深入挖掘自己时，你会发现自己真正的喜好、你内心深处真正欣赏的东西、你的优点和缺点等。了解你自己将帮助你在当下做正确的事情，让你更加专注地感知你自己。这是正念的力量，它将帮助你提高人生效率，让你做正确的事情；不会在将来某一天，为了错误的选择而后悔。

当然，随着你不断学习和适应，你的价值观和动机也会相应做出调整。你在这里写下的“自我领导力三问”也会随之不断更新。这就是为什么在 SIILA 模型中，内化并不是一个一次性动作，而是一个循环往复的开放式的历程。

第三节　领导者的正向价值观

市面上不乏关于领导者价值观的各类书籍。《佛本生经》里提到了“十王法”(Dasa Raja Dhamma)，即国王的所谓十种职责，亦称为王室的十种美德能成就成功的领导者。它们是布施、持戒、遍舍、正直、柔和、苦行、不忿、不害（非暴力）、忍、不离正法。

《论语》中说："政者，正也。子率以正，孰敢不正?""其身正，不令而行；其身不正，虽令不从。"领导者要自律，成为表率，去影响和感化人民。

《孙子兵法》中说："故兵有走者，有驰者，有陷者，有崩者，有乱者，有北者。凡此六者，非天之灾，将之过也。"孙子列举了军队失败的六种情况，这些都与天灾人祸无关，而是将帅的过失所致。在敌我条件相当的情况下，如果攻击十倍于我的敌人，因而失败的，叫作"走"；士卒强悍，将吏懦弱，因而失败的，叫作"驰"；将吏本领高强，士卒怯懦，因而失败的，叫作"陷"；部将怨怒而不服从指挥，因而失败的，叫作"崩"；主将软弱缺乏威严，训练教育不明，因而失败的，叫作"乱"；主将不能正确判断敌情，以少击多，以弱击强，因而失败的，叫作"北"。

这些观点早在 2 500 年前就被记录下来，流传千古。这些言论之所以经久不衰，即使到工业现代化的今天，对我们仍有指导意义，正是因为它们具有真理性。我们可以在原有正确价值观的基础上不断补充一些新的价值观，以保持价值观的多样性。但是我们面临的最大挑战并不是不断更新价值观，而是要不断将这些价值观内化于心并付诸实践。

读到这里，你应该已经正式完成了用严厉的爱与自己进行互动，并在做系统性思考和内化。本书的下一部分将着重于阐述领导者如何与组织内外的其他人以密切的、严厉的爱进行互动。

第四部分

互　动

第七章

以严厉的爱互动

在我们深入研究严厉的爱（亦可称之为“严管厚爱”）的互动机制以及它们为何对领导者完成业务目标如此关键之前，我们先要明白为什么领导者凡事都要深入现场、亲力亲为地去探究。

让我们从下面这个故事拉开序幕。

相传在耶稣基督诞生前600年，悉达多太子出生在尼泊尔喜马拉雅山以南地区的一个皇室家庭。王子出生后，国王倾其所能呵护他、爱护他、保护他。他禁止王子走出王宫，因为他担心王子会因为看到世界上真正的痛苦和不幸而不快乐。

但最终，还是没人能阻止王子对外面世界的好奇。29岁那年，王子说服了一位宫廷仆从，带他走出城墙，去看看外面的世界。

在旅途中，王子看到了四个人：一个老人、一个病人、一个死人和一个苦行者。

这是他前所未见、闻所未闻的人间疾苦。他意识到原来自己只是生活在宫殿的梦幻世界中，与现实世界隔绝。于是，他逃离王宫寻找真相，并最终悟道。

这个故事听起来可能很熟悉，因为它就是释迦牟尼的故事。这个故事是否真实，或者你是否相信，这都不重要。这个故事给出的一个重要事实是：直至今天，仍有许多领导者因为看不到事实的真相而最终陷入困境。如果周围的所有人都在努力讨领导的欢心，隔绝真相，那么领导者就看不到那些可能导致组织出现重大问题的不良苗头。

如果领导者想要把事情做好，就必须直面这些问题，而不能避而远之。当下，领导者不了解其组织和业务的真相主要有两个原因：一是领导者自己不想了解真实的情况；二是领导者周围的人选择让领导者远离真相，就像在悉达多太子身边筑起高高的宫墙一样。

丰田生产系统成功的主要原因之一是“Genchi Genbutsu”，它的意思是“自己去看看”。除了亲临现场、脚踏实地，别无他法。虽然许多公司都试图复制丰田的生产系统，但成功者却寥寥无几。为什么？

因为有太多的领导者无法做到，或不愿亲临现场、脚踏实地地去看看到底发生了什么！

领导者可以轻松地将所有的时间花在会议室里，专注于分析过去的失败，或编织未来的梦想。可是如果不能专注于当下，不能实地了解实际情况，他们就永远无法实现宏伟的理想蓝图，也会逐渐失去当下。

要真正看到当下实情，领导者必须像带着望远镜那样的科考队员。

望远镜通常用于观察远处的物体，如月亮和星星。借助望远镜，我们可以看到人们肉眼不可及的物体。要对组织进行望远镜式观察，领导者必须更深入地了解组织，面对现实，把握当下，并为未来指明正确的方向。

这就需要你跳脱出你的“围墙”——那些所有想要让你免于痛苦和困难的善意员工为你所筑起的围墙，或是为了推卸责任，或出于某种目的而有意筑起的围墙，去观察和直视现实中的客观情况，这就是为什么我将这种突破“重围”称为以严厉的爱互动。

这是一种爱，因为领导者既关心着组织的业绩表现和成功的方向，也关心着组织中的每一个员工。但这又是一种严厉的爱，因为它要求你必须直面自己的缺点或弱点，直面由于了解真相而引发的尴尬场面，直面与你在组织中互动的每一个员工的缺点或错误。

你不可能让每个人都身心愉悦，但是当你按照我们在上一章讨论的价值体系运作团队时，你可以最大限度地确保你和你的团队取得成功。

严厉的爱需要领导者和团队明确意图/目的、保持一致性、进行良好的互动和具有亲密感。

第一节　领导力是一种对话

2012 年年初，我在位于中国香港的德昌电机集团（Johnson Electric）担任全球发动机和变速箱部门的副总裁兼总经理。

德昌电机董事长兼首席执行官帕特里克（Patrick Wang）一直致力于公司的成长和可持续发展。几年前，他在欧洲进行了两次重大的收购，但这些收购和整合并没有达到他预期的绩效水平。

因此，帕特里克将我提拔为管理跨事业部的汽车业务部门负责人。我因此搬到了瑞士的穆尔滕（Murten）。

对我和我的家人来说，这将面临一种全新的文化、新的领域和新的挑战。

在我上任的第一天，我的上一任安排了一场上午 11 点的会议，准备将我介绍给团队。但是却没有人出现在会议室或者线上虚拟会议室里。我和这位即将离任的领导还有他的秘书在会议室里一直等了 25 分钟。

这位即将离任的领导喋喋不休地告诉我，将团队召集在一起，并使他们保持步调一致是多么困难。他对这一困惑似乎已经无能为力了。

在回办公室的路上，我问秘书玛丽安娜，这里到底发生了什么。

“这个地方需要纪律。”她说。

刚上任就碰到了这个棘手的问题，不过，其实这也正常——毕竟我被派到这里，就是来解决问题的。我认为，我完全不必花时间去追究这是谁的问题，或去指责某个人，我只需立即采取行动。

我打电话给业务部门的所有副总裁，以及应该向我汇报并参加当天会议的所有职能部门的负责人。我与他们进行了深入的一对一谈话，并要求：每周一早上的领导层例会，每个人都要在上午 9 点整准时出席。

转眼就到了下个星期一，每个干部都准时出现在会议室里。从那以后，再没有人敢在会议时迟到，一分钟都没有过。他们可以看出我对此规定的认真，所以他们也会认真对待。只有花时间与伙伴、同事或员工互动，真诚地交流，坦诚地表达自己，才能掀开我们真正的紧密关系的新篇章。

最终，我们达成了共识，开始并肩作战。我们创建了有效的沟通渠道，保持紧密的联系，共同讨论和解决问题。我们提高了组织的效能，同时也解决了玛丽安娜所说的公司严重的纪律问题。

一个多月后，帕特里克来看我。他说，过去的五周，公司所呈现出的良好交流与合作是他在过去的五年里都未曾见过的。

这话也许听上去有些夸张，但我明白他的意思。如果领导者重视并亲自参与同部下和员工的互动，与他们真诚地沟通交流，“奇迹”很快就会发生。

紧随这个良好的开端，我们又向前迈进了一步。

那天上午 9 点，我在结束与直管下属的例会后，又召开了问题升级会议。在将近两个小时的会议中，我听取了公司正在耗费大量精力处理的各种问题。

管理层会议让我重新审视组织的价值观和首要任务，通过直管下属报告正在推进的主要工作，我们对团队的发展达成一致。

问题升级会议让我了解在组织中发生的更深层次的事情，以及团队需要解决的问题，它们可能是质量问题、材料短缺问题，也可能是新项目延误、客户发货问题，或者是达不到财务指标，等等。我和我的团队同心同力，共同来面对和解决这些问题。

这些问题在抵达最高领导层之前，往往已经过组织内许多层级人员的讨论和过滤，因此解决它们并不难。但我发现这是与出现问题的团队进行思维和价值观碰撞的绝好机会。

为此，领导者必须首先掌握足够的问题细节，以更深入地分析问题。只有这样，领导者才能和组织中的其他员工找到更为理智的跨部门解决方案。

我更喜欢将这些问题升级会议看作案例研究。通过让整个团队参与讨论并找出问题的症结，整个团队都逐步学会了如何规避类似问题发生，以及如何找到更具创造性的解决方案。

作为领导，如果你不能开诚布公地接纳大家提出的问题，不会组织大家围绕问题进行民主讨论，而只是批评那些提出问题的人，那么你就是不称职的领导者，久而久之，员工会筑起“围墙”屏蔽你，或你自己也筑起“围墙”，组织也会慢慢与你疏远对立。

依照我的管理经验，每次在我开始担任一个新的职位时，我都会在两小时的问题讨论会议中看到很多被升级的问题，我都会和团队共同花费大量的时间去研究问题的原因所在，并寻找最佳的解决方案。这一过程同时也被我用来建立组织内部公平公正、求真务实的思维模式和企业文化。

随着时间的推移，每周被升级到我面前的问题变得越来越少，因为我的团队已经学会了如何找到问题的根源，他们知道自己有权利也有能力来解决那些问题。

领导者的行为影响着一个组织，并最终形成一个组织的行为模式。

领导者有很多与员工沟通互动的机会，但可惜的是，很少有人能抓住这些机会。

集团公司的宣传部门会以领导者的名义分发精心编写的模板化演讲稿和电子邮件。但是，这些对公司的转型与发展几乎毫无价值。如果领导者因为太忙，而无法抽出时间与员工单独互动，及时解决员工提出的各类问题，就一定会导致更多问题的产生。

今天，很多大公司正试图模仿创业公司，它们注重灵活性、忠诚度、创造力，以及团队凝聚力和文化建设，但大公司与创业公司毕竟有着很多的不同。显然，两者的规模往往大不相同。但相同的是领导者面对的挑战，如内部分歧、决策推诿、权力恐惧、互动贫乏等。

相对于大公司，创业公司的优势之一是公司内部的个人互动。当公司规模较小时，内部的互动相对更容易些，但这并不意味着较大的公司就可以忽视这一点。不能仅仅因为它难，大公司的领导者就可以减少与员工的互动。任何规模的公司的领导者都必须认识到与员工互动的价值，然后以正确有效的方式付诸实践。

在充满复杂性的环境中，领导者要想让严管厚爱的互动行之有效，并推动业绩提升，需要重点关注以下四个方面：① 意图/目的；② 一致性；③ 互动；④ 亲密感。

一、意图/目的

领导者的管理目的必须非常明确。一切工作都应围绕着公司的愿景、使命、战略和文化开展。这其实不难理解，领导者希望把事情做好，而组织中的每个个体必须完成自己的目标，以完成组织交代的各项任务。在整个过程中，领导者应始终以目标为导向，要善于发现和培养人才，并让他们践行诺言、实现目标。

二、一致性

一致性非常重要。它可能不会轻而易举做到，需要主观上不断努力。

一致性体现在很多方面，领导者需要言行一致，不可出尔反尔。比如，一位领导者不能在前一周的会议上声称他优先考虑的不是公司未来的创新，而是短期利润；然后又在下一周抱怨公司对技术创新的投资不够。如果领导者如此行事，就会使公司员工感到困惑，或不知所措，使他们不再信任领导者的一言一行。领导者需要公平客观，不偏不倚。不管是谁，做得对就是对，错就是错。要就事论事，平等和公平对待每一个人。当然，这说起来容易，做起来却要难得多。

一致性同样也体现在领导者对待员工的态度上。领导者每天要会见很多人，他可能会感到疲劳、沮丧、困倦、生气。你一天可能有一百次会晤，那第一百个人，他可能跟你预约了晚上 7 点见面，就在你即将结束一天紧张忙碌和疲惫之前，他精心着装，为这次会晤做了充分的准备，因为这可能是他一年中仅有的一次见到你的机会。

不管在这次会晤之前，你忙碌的一天中曾经发生了什么，你都不能对这个人表现出疲倦或沮丧。这不仅对他不公平，也会让你的形象一落千丈。

如果你希望该员工在会晤后能在公司中创造积极的影响，你必须保持一致。无论在一天中的哪一时间段，或你上一个会晤的结果如何，你都要保持高昂的精神和专注力。

正如我们在《内化》一章中所讨论的，如果你对为什么成为一名领导者已进行了内化，那么你将永远充满激情、昂扬向上、充满正能量，因为你是整个组织情绪的“晴雨表”。

三、互动

这一点就是实实在在的互动部分。领导者需要经常在组织内部发起正式或非正式的对话，表现出你对员工当下讨论的话题的关心。在每一次对话中，你不仅要认真倾听，还要创造一个可以畅所欲言的环境。

当员工敞开心扉、各抒己见时，也正是领导者了解组织真实情况的最佳机会。

无论是在大型运营会议上听取汇报、进行绩效审核，还是在走廊、电梯里的偶遇聊天，或是对某人的生日发出祝福，这些都是互动的方式，领导者都要言辞恳切、直接明确。

四、亲密感

员工总是对领导说实话吗?

如果员工不信任领导，他们就永远不会讲真话——于是你也就永远处于“围墙”之内，不会知道真相。因此，作为领导者，你需要获得员工对你的信任，要让他们知道你没有任何不良目的和企图，要始终牢记你所做的任何承诺都会努力践行和兑现。

曾经，我有一个不称职的上司，他有很多不合规表现和行为方面的问题。当他被解雇时，老板问我为什么没有早点儿将这些情况反馈给他。其实，老板也从来没有问过我的意见；即使他问了，我也没有理由相信他并向他畅所欲言。因为，我担心他会因为我指出他用人不当而对我心怀怨恨。

类似的情形在组织中随处可见。因此，领导者必须与员工建立起亲密互信的关系，唯有如此，才能让员工在你面前，或在开会时畅所欲言，真实表达他们的心声。

第二节　直面残酷的现实

处理棘手的问题是领导者的职责。他们每天都会做出重要且影响深远的决定。这些决定，或立竿见影，或旷日持久，但都会对组织、股东和员工产生巨大的影响。这些决定往往存在着很多的不确定性，毕竟没有人能够预知未来。但如果能深入了解当下组织最真实的情况，领导者做出正确决定的概率就会大大增加。可见，领导者是否愿意了解和直面残酷的现实尤为重要。

2006 年，艾伦·穆拉利（Alan Mulally）成为福特汽车公司（Ford Motor Company）的首席执行官时，该公司正面临巨额亏损，深陷困境。那一年，福特损失了 127 亿美元——超过了前一年 106 亿美元的亏损。

尽管长期以来福特的座右铭始终是“质量第一”，实际上福特却面临着大量的质量问题。比如，紧凑型福特福克斯的九次召回，Freestar 和 Windstar 小型旅行车的质量评级不佳……那个时候，福特位于全球不同地区的各大子品牌都以高度自主的方式运营，全球化统一管理的力度不大，在达成内部一致意见方面付出的努力远远不够。

在加入福特并带领它华丽转身之前，穆拉利曾担任波音公司的执行副总裁和波音民用飞机公司的总裁兼首席执行官。

在穆拉利之前担任福特首席执行官的比尔·福特（William Clay Fort，Jr.）也曾多次尝试扭转公司局面，包括裁员和关闭部分工厂，但都以失败告终。为此，公司从外部聘用了穆拉利，作为首席执行官来帮助福特扭转局面。

穆拉利是作为局外人入职的。他问了很多看似简单且直白的问题，并以此来学习和理解真正的深层次的问题。他意识到帮助这家支离破碎的公司扭转局面是一项十分艰巨的任务。

他的基本策略是“一个福特”。他果断采取行动，剥离掉除福特和林肯以外的所有子品牌。

他还为转型中的福特筹得了资金，而另两个位于底特律的汽车业巨头——通用和克莱斯勒，却只能依靠政府的支撑渡过经济大萧条。

穆拉利通过深入研究细节，着力解决质量问题，并持续致力于实现组织的全球一体化。他专门设立了一个被称为“业务计划审查”的新管理流程来监督和提升福特的全球绩效。

每周四，福特公司在全球的所有领导层都必须参加线上会议。会议室安装了视频设施，不同地区的团队可以通过视频，面对面进行积极而有意义的互动。这些会议为穆拉利提供了一个切实有效的实践平台，强化了“一个福特”的管理理念和纪律。世界各地的团队也能通过这个平台，将各类问题带到高管面前，进行充分的讨论与分析，直至最终解决。

就像我与我的团队进行的问题升级会议一样，这些会议不仅仅是为了解决问题，它们对于穆拉利来说至关重要。它们是穆拉利的望远镜，帮助他看到公司的细节，并及时在组织内培育蓬勃向上的文化和思维模式。伴随着一系列的变革，积极正向的行事方式和结果开始逐步呈现出来。

坚持变革并不容易，它需要领导者有明确的目标和高度自律；它要求领导者全身心地投入，保持言行一致；它要求领导者积极与员工互动，并与员工建立起高度的信任感。

穆拉利的变革奏效了。到了 2014 年，也就是穆拉利接手 8 年后，福特公布了 68 亿美元的利润。直至今天，穆拉利仍被认为是促成商业史上最伟大转变的人物之一。

由此可见，伟大的愿景和战略固然重要，但仅有它们还远远不够。领导者要有能力和意愿去看清事物的本质，并通过严管厚爱的互动直面问题、解决问题，在充满复杂性的环境中达到目标，扭转局面。

在大型组织中，领导者可能无法实现与每个人的互动。这表明领导者必须在组织中培养其他各级领导者，让他们成为各层级的楷模，实践严管厚爱的互动，让这种互动方式逐级传递，生根、开花、结果。

下一章的内容是关于“了解你的团队”，以及为什么要深入了解你所聘用的下一级领导者。请记住，他们通常是带领你的员工并与之互动的人。

第八章

了解你的团队

朱利叶斯·凯撒（Julius Caesar）之死可能只是此类悲剧中最著名、最戏剧化、最暴力血腥的故事之一。一群参议员，其中包括凯撒最亲密的盟友之一——布鲁图斯（Brutus），联手刺死了朱利叶斯·凯撒，然后当面洗去他们手上的血迹。就在朱利叶斯·凯撒倒地并咽下最后一口气之前，他看着布鲁图斯，无法相信连他也背叛了自己。他死死地盯着布鲁图斯的眼睛，开口道："Et Tu Brute?" 这句话的字面意思是"布鲁图斯，连你也……？"

目前尚不清楚布鲁图斯究竟是朱利叶斯·凯撒的儿子，还是只是一个亲密的盟友，或者说布鲁图斯是由朱利叶斯·凯撒抚养长大的。可以肯定的是，朱利叶斯·凯撒对布鲁图斯无比信任，无法相信他竟然会背叛自己。

我们可以从这个故事中吸取教训，在工作场景中避免犯同样的错误。

在今天，当领导者没有达到目标时，大多数人会认为他们错误用人，或者盲目相信了错误的人。

确实，当信任了错误的人时，领导者很可能遭遇背叛并因此陷入困境，无法完成业务目标。而这些人很可能就是领导者最亲近和最信任的人。

也许你未曾遭遇这些，但你一定听到许多咨询顾问谈过，让合适的人做合适的工作是一种竞争优势。这一点毋庸置疑，合适的人做合适的事是成功方程式里不可或缺的重要部分。不过，道理虽简单，做到这点却很困难。请带着这个疑问，自问一下下面的问题：

（1）你真的了解这个人吗？

（2）（即使你非常了解他，人也是在不断变化的。）他们正在向着积极的方向改变和成长吗？

即使对于最知名的领导人来说，这也是一个巨大的挑战。沃伦·巴菲特（Warren' Buffett）在谈到聘用合适人选的重要性时，就专门谈到了它的难度。

“你选择了一位男士或女士来担当重任——他们看起来风度翩翩，很讨董事的喜欢，好像什么都知道，实际上他们根本不知道自己在做什么。这种情况是最危险的，没有之一。”

在这个社会里，总会有人演技精湛，知道如何表现自己让老板和董事喜欢，实际上他们根本没有能力实现任何业绩。拥有这样的下属或认不清下属的领导者是组织最大的危险。

但要辨别出这些人并非易事。

要记住，人是复杂的，也是善变的。也许他们今天忠诚于你，明天就开始背叛你。他们也许过去表现很好，但这并不意味着他们会一直很好。你永远无法仅仅通过面试就能了解一个人，有时候了解一个人甚至要用一生的时间。

在这方面，我也犯过错误。

当时，我刚担任一家企业总裁不久。我手下有一位部门总监鲍勃（Bob），他很不讨一些分公司领导的喜欢，他们一直想解雇他。但我喜欢他，所以我通过岗位调动留住了他，想再给他一次机会。

他经常和我一起出差，访问客户，我们一起创造了很多业绩。他和蔼可亲，光鲜体面，总是穿着昂贵的西装。只要你有机会跟他聊上几句，我保证你就会喜欢上他。我们是多年的朋友。他经常带着妻子，来我家跟我和我太太共进晚餐。

但后来，我还是发觉了一些关于他不诚实的蛛丝马迹。

这一切在我们去硅谷出差时被推出了水面，露出了冰山一角。我们曾一起旅行过很多次，每次都是乘坐同一个航班，但这次他告诉我他想乘另一个航班，因为价格比较便宜。虽然隐隐感到哪里不对劲，但我还是决定暂时保持沉默。

后来，我才得知他其实比我提前四天就出发了，先转道温哥华，然后飞旧金山。

我们原本计划在我到达的那天一起吃午饭，所以我一直在等他的电话。但是等了又等，一直没有他的声音。

后来我问他发生了什么事，他告诉我他的航班延误了——但我知道他在那天中午就办理手续入住了酒店，航班没有延误。

我们像平时出差时一样共进晚餐。也像往常一样，晚餐后，我建议就在酒店大堂吧里喝一杯，顺便为次日的会议做些准备。但他说他太累了，想回去睡觉。我们以前一起旅行过无数次，他从来没有这样过。

最后，我才知道这次出差他带了他的女伴。于是选择不同的航班、不和我一起吃午饭以及急着赶回房间，一切的反常统统都有了解释。

我并不是要在这里评判他有女伴这件事的对与错，但在这次出差过程中，他不诚实和不正直的面目显现了出来。

接着，我与他就此事进行了直接而严肃的对话。我以为我们开诚布公就能解决这个问题，但我错了，他实际上就是一个表演大师。

我陆续发现他的不诚实，比如当客户要求安排双方高层会谈时，他一直告诉客户我不想见，或没有时间接待他们。他不向他的团队传达我的指示，有时甚至要求团队不要理会我的要求。他在对待工作中出现的问题时一而再、再而三地撒谎，隐瞒真相。

尽管他当时的业绩表现不错，但我们还是不得不让他离开了。他扮演好员工、好伙伴的演技是如此精湛，没有人能真正了解他。

当这一切发生时，“Et tu Brute?”这句话突然闪现在我的脑海中，直击我的内心，因为我曾是那么信任他、保护他，曾那么毫无保留地教导过他。

那么，领导者该如何明察秋毫？一个人的洞察力很重要。

如果你让一位业内能力数一数二的领导者完成一项极其艰巨的任务，同时让一个普通的领导者完成一项非常简单的任务，那么最后结果可能是前者完成得很一般，后者完成得却非常出色。

如果此时你大肆赞美那位普通领导者，而惩罚优秀的领导者，那么优秀者可能会选择辞职。

那么怎样才能准确了解你的员工，知道他们到底在做什么？如果仅仅依靠他们展示的各种数据和图表，就犹如管中窥豹，很多人可能会隐瞒真相，只告诉你你想听到的；也有可能会掩饰不当的行为，假扮正直。只有不断地深入观察，你才会知道谁是你身边的鲍勃。

这并不是说你不能信任你的员工。但你必须明白，人性是复杂的，人是善变的。你必须用所有可能的方式，不断地与他们交流和互动。仅仅局限在会议室的小小空间里是远远不够的。

第一节　原谅，但不要遗忘

是人总会犯错，这不可避免。你也无法保证你能一直火眼金睛，招到的员工一定都是合适的。当员工犯错时，原谅他们并帮助他们改正错误，然后回归到正确的方向，这可以增强你们之间的关系纽带，让你们的关系纽带朝着更加健康的方向发展。

原谅某人过去的错误并不意味着你需要忘记他们曾经的所作所为——无论是他们在财务报表上要的小花招，还是日常工作中谎言。

除非认真地从过往的错误中吸取教训并彻底洗心革面，否则他们很可能还会再次让你失望。

原谅，但不要遗忘，是指只有领导者保持这种警觉并注意观察类似行为的出现，才能帮你避免更大的灾祸。

当鲍勃谎称他因航班延误而错过了午餐时，当他迫不及待地要回到他的房间时，有一种思想和行为模式操控了他，并且从个人生活蔓延滋长到了工作中。如果听之任之，就可能给公司带来更为重大的问题。换个角度看，这种行为要么会向其他员工发出“欺骗也没什么大不了”的负面信号，要么会逐渐失去员工对他的信任。不管怎样，这对工作绩效和组织成长毫无益处，而这个领导者最终也将走向失败。

以严厉的爱互动，组织才能不断进步。但如果你不愿直面这些棘手的对话和问题，就会被视为软弱或容易欺骗，这无法让你成为组织中受尊重的领导。

第二节 用望远镜窥见行为和绩效

对于成功的领导者来说，危机防范始终是工作中的重中之重。他们知道，“亡羊补牢，为时已晚”。等到危机真正发生时，是否原谅犯错的人已经不再重要了，因为领导者可能连自己的职位也保不住了。

如果丹尼斯·米伦伯格早点儿知道他的团队因为降低成本而承担了安全风险，并纠正这种行为，就不会导致后来的危机了。但他要么不知道，要么就是选择了无视这个问题，结果导致两架飞机坠毁。到危机真正爆发之时，他已没有机会去原谅自己团队的错误了，因为他已经因此而丢掉了“饭碗”。

那么，为什么领导者会看不到当下最真实、最本质的情况呢？

当领导者根本无意戴着望远镜去深入探究和了解团队的行为时，他们自然就会对周围发生的事情视而不见了。很多领导者根本就不愿花精力深入观察和了解团队。

一次，我的上司——首席执行官——突然来我所负责的一家工厂视察，完全没有任何事先通知和准备。因为他刚好路过，所以就顺道过来了。他在车间里的各个地方走动，看了工程实验室，还去了工人的洗手间，并且和遇见的员工交谈。

后来，在当月的月度业务会议上，他告诉与会者，我管理的工厂状态非常好，他对工人们使用的设施、现场的纪律、员工的行为，都赞不绝口，并且要求大家都要学习其中的要领。

这让我很惊喜。我并不觉得CEO的突然到访是刻意为之的飞行检查，或者是他对我缺乏信任，我也没有什么可隐瞒的，我对我的组织非常满意且充满信心。我们工厂的大门始终敞开，随时可以让我的老板参观。

当领导者提前预告他们的访问行程时，他们总会受到贵宾般的接待。长长的红地毯、五星级酒店、精致的餐食和光洁如新的洗手间。他们全程都被前呼后拥，这样就可以确保他们不会看到任何不该看到的东西或现象。他们的确也没能看到真实的情况，就像在那高高的宫墙内长大的王子一样。

优秀的领导者应该与员工同餐同食，共用一个洗手间；应该与基层员工交谈，与年轻员工互动；要在工作场地上这里走走、那里看看。这样你才能了解到更多关于基层领导者的点点滴滴；这些所见所闻与会议室里听到的报告是完全不同的，也与你在办公室里听到的汇报不甚相同。因为这是基层工作的第一现场，这里可以让你更好地观察和了解你的员工。你要调动自己所有的感官，并提升它们的灵敏度；要多问，并好好地思考和感受。这并非试图挑错，也不是缺乏对部下的信任，而是这关乎你肩上的责任，关乎绩效的提升、组织的成长。走近基层，才能让组织中的人越来越好。

这也是严厉的爱的互动体系中的一部分。我询问他们问题，我观察他们，并给予最直接的反馈。最初可能是艰难且不被接受的，但只要你与他们建立了足够的信任感，员工从内心相信你，他们就会非常乐于接受反馈，因为他们知道你是真心为他们好。

我这样做主要出于两个方面的考虑：我有责任履行我的承诺，完成业务目标！我有责任让我的每一位员工变得更好！

第三节　保持健康的形象

现在，你已经明白，在与人的互动中我们要诚实、要直接。如果包裹上糖衣，它就毫无意义了。领导者必须有直面残酷现实的勇气。

言必信，行必果。你必须成为员工的榜样和楷模，言传身教，去激励他们、鼓舞他们。否则，负面的涌现就会悄然出现。

作为领导者，我也一样，需要承担风险，也曾做出异常艰难的决定。这些决定肯定无法让每个人都满意，于是有人便写信给我的上级投诉，有些人试图起诉我，还有些人甚至威胁过我。尽管领导者总是竭尽全力规避意外，但现实生活中它们还是会经常发生。

我和鲍勃一起工作了五年。我们一起去世界各地出差，我也把他当作朋友。但应该让他离开的时候，我不会有丝毫犹豫，虽然做这个决定很艰难，但这是我作为一个组织的领导者必须做的。而且我可以问心无愧地这样做，就像我做的任何一个决定一样。

让我们反过来想一下：如果我与他一起做过违法的事情并且被他保留了证据，又会发生怎样的后果？如果他握有照片、录音或其他证据，证明我不清白，会是何种情形？我将没法开除他，或不敢对他有任何处置，因为我做了亏心事，我会被他控制。

领导岗位，总是会伴随着很多诱惑。受贿行贿，情感问题，财务造假，等等，只要你开了头，哪怕只是一件小事，以后都将难以收手。而如果你是与人合谋，你就失去了控制权。因为你的合谋人已经掌控了你，他们知道你不能见光的秘密。所以，在任何时候都要坚守你的价值观，永远不要突破底线。

抵制一切诱惑！这就是应该铭记于心的答案。请清楚地知道你要成为什么样的人，为什么要成为领导者。

因此，保持清廉，以一个健康正直的形象恪尽职守非常重要。当你没有见不得人的秘密，没有羞于启齿的隐私时，你就拥有了真正的勇气和力量，有了做出任何决定的底气。因为，你不必为任何内部调查或法律起诉而担心，这只会向世界证明你是正直的，你的管理非常到位。

在下一章中，我们将讨论打破公司内部的界限，鼓励员工之间交错互动的重要性。

第九章

跨越边界的互动

我们的生理、心理和情感构建起了我们个人的边界，以确保我们坚持自我，不被利用或操纵。这种边界在某些场合形成一种自我保护，让我们感到安全和踏实。在组织内部，也有着无数的边界。从各种流程和政策到大大小小的组织架构和业务部门，从小批量样品车间到大规模量产基地，从集团公司的总监、高级经理到工厂车间的基层干部和工人，边界无处不在。这些边界对内形成一种无形的保护，当外部问题没有触动这个边界时，它也会让人感到安全和踏实。如果没有牢固而清晰的界限，就不会有健康的关系。小到一个家庭的婆媳关系，大到跨国公司里的工程部门和生产部门之间的关系，皆是如此。

但是，有边界并不等同于完全隔离。几乎所有创造价值和提效增速的工作都需要在适当的时候适度地跨越边界。领导者们之所以在建立组织时要考虑到边界，是因为要划分职责，使工作易于管理。这可以让制造工厂、业务部门、项目团队都能在自己的轨迹上不停地运转和履行职能。但今天的领导者们面临着全新的挑战，他们必须探寻跨越部门边界的方法，即我们常讲的跨部门协作，去完成大型任务，或大幅提升绩效。

跨越边界、构建桥梁，让信息在边界之间自由流通，这在理论上是可行的，但在现实实践中如何实现呢？这就需要领导者时常加强组织内部的深度互动。在第七章和第八章中，我们看到了一个成功的领导者是如何跨越障碍，去深入了解实际情况，进行面对面对话，并直面现实，解决棘手问题的。比如，用望远镜去窥见他的团队、真实的人和事务，让合适的人在合适的岗位上做合适的工作，等等。这些行为本质上都是为跨部门协作而做出的努力。

第一节 保持清晰的目的

当我在瑞士管理一个企业的全球汽车业务时，我曾遇到过一个问题，这个问题非常适合拿来进行有关跨越边界的讨论。

当时，我们的一个业务部门的工程设计中心位于瑞士，而我们的一个客户则位于美国底特律。当我访问在底特律的区域办事处时，底特律团队对瑞士团队怨声载道。他们抱怨：“瑞士人太慢了。”他们为此感到非常沮丧，担心如此低效会让公司失去大的业务机会。我不太明白为何会出现这样的问题。根据我的经验，瑞士人通常都有很强的时间观念。我们这个项目的产品设计难度非常大，无法同时在多个地区展开，所以必须集中在有着最丰富经验和专业知识的瑞士工程中心进行。因此，虽然底特律办事处对瑞士团队非常不满，但他们也很清楚，自己恐怕难以自行完成产品设计，且要满足客户的各种需求。

我意识到我必须做点什么，因为这里存在着多重边界。两个国家，两种文化，一个设计中心，一个销售办事处，以及我们的重要客户。除非我正视这个现状并改变它，否则每个部门都会继续保护各自的边界，每个人也都不愿跨出“不合适”的一步。缺乏有效的跨部门沟通，只会导致问题不断升级。当然，这时我可以选择发表公开演讲，宣扬我们是一个团队，并鼓励大家共同努力。但这些大道理无助于解决基层员工在现实工作中遭遇的挫折感，也无助于完成工作，达成绩效目标。

于是我告诉团队：“我不知道瑞士人是否真的太慢。但如果他们真是这样，那我可就无能为力了——改变整个（民族）文化可是个大课题。”我可以把那些高深的有关文化的问题先搁置在一边，说些大家都听得懂的。“如果我们美国的销售团队在沟通时能讲得更具体一点，比如说：‘瑞士工程团队承诺在 4 月 15 日交付 5 个样品，但今天已经是 4 月 20 日，我们仍然没有收到样品。我们想知道，这期间究竟发生了什么事？’”如果美国团队成员能以这种的方式进行沟通，这将使得工作计划中的人物、事件、时间和原因变得具体、清晰，这样才能找到问题的答案，并有效解决问题。

这听起来可能是一个非常简单的解决方案，但它很强大，它比让所有瑞士人加快行动速度要容易得多。因为它跨越了许多不同的边界，也消除了很多隔阂，使讨论的内容变得清晰、具体，并将重点放在需要完成的任务上，放在兑现人们彼此做出的承诺上。这之后，项目经理终于写出了一份新的行动计划，并及时跟进进度和解决过程性问题。团队绩效因此大幅提高。最后，我们成功完成了这个项目，并按时成功地将产品推向了市场。

在边界之内，人们往往都是彼此了解的。但对于边界之外发生的事情，人们可能并不太清楚。这时，最好的办法就是用一种共同的语言去表达清楚，让彼此明白。要确保所有的事情都一目了然，没有含糊不清，没有模棱两可，并将其用于从前到后的所有沟通。同时，要写下你们的承诺，通过签订合同做出保证，如果有人改变计划或无法兑现既定的承诺，不管它是一次偶发事件，还是推演出一种新的模式，都必须以合同为依据，明确彼此的责任和义务。

那么，如果是与客户和供应商合作的情况，该如何处理呢？

让我们再来看看半导体供应链的问题。这个产业的整个生产过程中，生产方需要将硅晶片转换成数十亿个微型晶体管，最终集成到电路里，发挥相应的功能。整个过程可能需要 3～6 个月的时间，在几次往返于各大洲之后，最终被装配在汽车、手机、洗衣机等产品中。

2021 年，由于整个供应链无法保持供求平衡，因而整个世界面临着半导体的短缺。客户增加了需求，但供应链产能不足。这是一个多层级的供应链，许多公司都参与其中，显然企业都有自己的边界。如果这个行业没有领导者跨出自己的边界去多方互动，厘清事实，弄清问题症结的话，供应链问题将迟迟无法解决。

我也曾经遇到过类似的问题。

一个客户突然大幅增加了订单数量。要想按期交付这些订单，我的团队必须以空运方式从供应商那里购买零件，这相比较于平时会额外产生 500 万美元的空运费。500 万美元是个大数目，我拒绝承担这意外增加的空运费用。于是，客户开始施压，并声称要转移全部业务。

在常规情况下，客户都会有订单窗口期，他们会给一定的提前期以确保正常交付。如果突然下订单或突然增加订单数量，就容易引发供应链混乱。这次的订单就来得很突然，而且客户要求我们在几周内紧急交付大量产品。这是我们正常计划之外的，也是不可能办得到的。

我隐隐感到有些不对劲。如果我盲目地支付这一笔预算之外的 500 万美元空运费的话，那么我也将会因为无法完成财务目标而陷入困境。在这种情况下，整个价值链上的每一环都要承受经济损失——当然，物流服务承运商除外。随着客户施压的增加和问题的升级，我做了一个跨越边界的互动。我直接询问负责这位客户的销售总监，为什么会出现如此大量的突发订单？客户是突然决定制造更多的汽车吗？他们为什么没有提前预测这个增长？后来我们才终于了解到，这是因为另一家供应商出于种种原因无法按期交货，因此客户将他们的那些订单临时转给了我们。虽然新增大订单听起来不错，但紧急交付却意味着我们必须付出 500 万美元的空运费，相比收入，我们将损失更多的钱。最后，我拒绝了这笔订单，我们不会因为客户选择了另一个没有能力的供应商而买单。

这是一个领导者愿意跨越边界，深入细节，寻找问题，挖掘真相，并在互动中澄清和理解事实，最终做出正确的业务决定的实例。

边界可以起到保护作用，明确分工和职责，但如果处理不善，它也会带来负面影响。如果 500 万美元的空运费被毫不怀疑地接受，公司将因此蒙受巨大的损失。这就是为什么总有那么多的客户起诉供应商，有那么多的供应商起诉客户，有那么多不良的产品和服务出现，还有那么多延误发货、订单延期和合同纠纷事件。这些令人不愉快的事儿乎每时每刻都在企业间发生。

跨越边界离不开系统思维，系统思维可以保护你免受干扰。如果系统思维能被双方接受和内化，那么双方完全可以通过友好和平的方式破解各类问题。

第二节　破窗理论

在第一章中，我们看到空中客车和波音因为新产品推出的延迟而面临高昂的赔偿。实际上，向客户支付延期款是项目出了问题之后浮出水面的最后一件事。为了减少开发时间和成本，他们找了很多国内外的外包商来进行代加工，但是结果却不尽如人意。各种问题的频发最终导致长达数年的项目延误，造成了面市后的各种设计和质量问题。

其实在项目延误、成本失控之前，早已有足够多的蛛丝马迹出现。同理，我们也看到许多企业因为失去业务，或成本失控而无法完成财务目标。那么在这些重大问题发生之前，是否也已有各类的蛛丝马迹出现呢?

你可能听说过破窗理论（Broken Window Theory）。这一理论研究表明，环境中可见的混乱和不当行为会诱发更多的混乱和不当行为，最终导致更为严重的问题和结果。

我们可以将这个概念应用到商业环境中。如果你作为一个领导者，没有提前看到“破窗”的异常，那么当重大灾难发生时，就无能为力了。那么，你为什么会看不到破窗现象呢?

可能有两个原因：

第一，组织成员不相信将问题上报给领导就会有助于问题的解决；相反，他们可能认为升级问题反而会带来更多的工作、更多的审查和更多的指责。

第二，人们尚不能完全理解“千里之堤，溃于蚁穴”的道理。

无论是哪个原因，领导者都应责无旁贷地去直面问题、解决问题。

大多数情况下，如果问题发生在边界内部，那么该部门的负责人会去解决。但是，当问题涉及多个边界，需要不同团队跨地区、跨部门协调，甚至需要集团公司介入时，问题往往就变得复杂而棘手。

在我的总经理职业生涯中，我总是未雨绸缪，提前做好应急预案，从而能敏锐捕捉环境中的异常，在危险到来之前就能识别它们，或者在问题变得严重之前就能解决它们。

第三节　将解决问题升级为商学院的案例研讨

2004 年 12 月 26 日，一场印度洋海啸造成了 14 个国家 23 万人死亡，被视为一场巨大的悲剧。

当海啸接近海岸线时，海水会先撤退，露出海底。动物们往往能敏锐地察觉到大难临头。大象尖叫着向高地跑去，狗不肯出门，火烈鸟不再在低洼地区产卵。只有人们还聚集在一起，观察奇怪的水位、搁浅的鱼，兴奋地在裸露的海床上玩耍。在海水回涌的瞬间，很多人就此丧生。

那么人类的自然感知能力到底出了什么问题?

想象一下，如果在组织中有一个系统，这个系统可以感知类似破窗的问题，会清晰地预知。不解决起初的破窗问题最终就会引发更大的灾难或者失败，并且就像判定台风或飓风严重等级的标准一样，这个系统能帮您确切地评定对某个特定问题应该给予多少关注度。相信你会像我一样，心甘情愿为建立这样一个系统去支付一笔大额的费用。那么，就让我们来创建防御系统吧。

我们可以先把问题归类为第一级 L1、第二级 L2、第三级 L3 和第四级 L4（见图 9－1）。

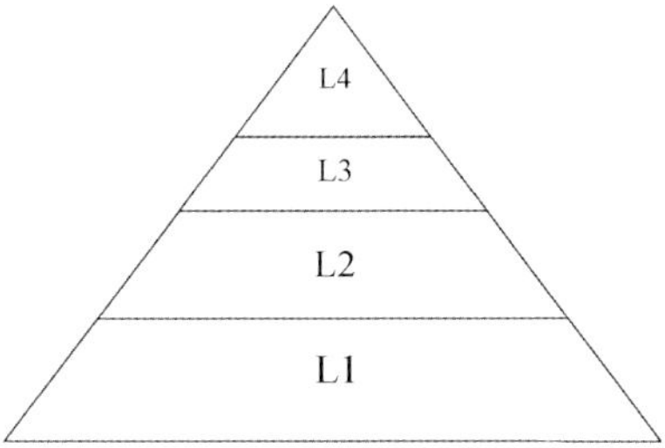

图 9－1　升级问题严重性级别

在这种分类下，L1 的问题可以由初级经理直接处理；职能部门的高级经理可以处理 L2 的问题；处理 L3 的问题，执行委员会或你的直接下属需要参与进来；而处理 L4 的问题则需要你亲自参与其中。当我刚刚开始创建问题升级会议体系时，许多 L1、L2 和 L3 的问题都被升级到了我面前，这让很多人有机会看到我是如何处理这些问题的。在每个问题处理过程中，我都会先了解具体的情况，明确问题所在，深入探讨问题的根本原因，努力去解决各类技术问题，弥补存在的系统缺陷。

公司的主要领导们看到了我如何解决问题，并从中习得了方法，因此需要我直接关注和协助解决的问题数量逐渐下降。今天，许多问题在 L2 和 L3 就得到解决，而无须升级到 L4，这就是跨边界互动的力量。你也可以创建一个这样的系统来感知组织思维中信号的强弱，它是高度智能的，可以自我校准。对于领导者而言，这个系统的意义远大于解决某个具体问题的价值。虽然这个系统用来解决问题非常奏效，但它更大的意义在于让领导者了解组织，发现内部的不良运作模式，并及时通过恰当的交互予以修复。

比如，上文中提到的500万美元空运成本的例子，我的许多经理都看到了解决这件事的详细经过。他们从中学到了什么？他们又将如何影响到公司中的其他人，让他们了解当时的情况，并看到领导者是如何处理这类事情的？细细想来，这实在是意义深远！

当问题被升级到你的面前时，身为领导者，你拥有解决问题的所有权力和资源，所以问题理所当然会得到解决。但你的重点不应该仅仅是解决问题，而是要让组织在潜移默化中变得更好，以杜绝类似问题的发生。这就需要互动的力量。

作为一名领导者，如何才能让自己和组织都能做到这一点？以下是一些关键点：

（1）专注于学习和能力提升，而不仅仅满足于解决眼前的问题。

（2）用数据说话，实事求是地进行讨论，避免受到感性认知和负面情绪的干扰。

（3）通过跨越边界的互动来不断黏合和加强组织中彼此之间的联系。

（4）不要害怕遇到和处理棘手的问题。

（5）将解决问题当作进行一次商学院的案例研讨。

让我们再次回到500万美元的空运费问题上来。

第一，运用系统思维分析问题。当这个问题引起我的注意时，我就开始不断地询问情况以进行深层次的挖掘。为什么需求突然增加？在这个客户的所有业务上我们的盈利是多少？如果我们支付这笔费用，我们能收获多少利润？这些问题会让你周围的人意识到应该通过分析什么样的细节和数据来找出最佳行动方案。我非常注重通过现实的案例来提升整个团队的学习和分析能力，而不仅仅是解决问题。这样，在下一次类似的问题发生时，我的员工就知道该如何处理。这样就能产生积极的涌现。

第二，善于通过核心数据说话。让问题的讨论以事实为基础，这样可以有效地消除各类情绪的影响。比如，你不想在讨论中听到诸如“这个客户很好”或“这个供应商很坏”的发言。这笔业务的真实状况——如我们公司的损失可能超出营业额，这应该是首要内容，也是核心要素。

第三，要让有关人员广泛参与。要借此机会让大家看到组织解决问题的方法和逻辑。要让其他相关职能部门参与进来，引入跨部门的专业人员，协助解决问题，创造价值。要让基层和中层的员工看到，你一直在要求高层人员明察秋毫、敢于担当。注意不要轻易批评和施压于基层员工以保护高层人员。相反，要让高层人员承担起责任，这样他们才会认真对待，避免类似的情况再次发生。

第四，不要害怕棘手的问题。要勇于面对残酷的现实，迎难而上。清扫房间时可能灰尘漫天，但也只有如此才能拥有整洁宜人的环境。因此，如果遇到了困难的问题和棘手的情况，就不要迟疑和畏惧，而要让自己置身其中，勇敢地去解决。

第五，可将问题都变成商学院的案例来研讨。请所有相关人员参与讨论，积极提出自己的意见和建议。如今，许多商学院都采用案例研究法来培养 MBA（工商管理硕士）学员，而我们自己企业的真实问题不就是创造案例研讨的绝佳机会吗？

企业的相关人员大多会很有兴趣参与这些讨论，因为这是鲜活的，看得见摸得着的，能让他们学有所获的案例。下一次，无须你再主动发起，他们就会自发地在一起开始这些讨论，而这些经验的积累会让他们愈来愈擅长分析和解决问题。

在上述跨越边界互动的五个要点中，领导者必须继续展示我们在第七章中讨论的互动的基本要素，包括正确的目的、一致性、互动和亲密感。

在前文中，我们讨论了在组织内部以及跨越边界的以严厉的爱互动的话题。互动的真正价值在于你开始学习你所不知道的东西。我们也讨论了 SIILA 模型，以及如何通过严厉的爱的互动来应对复杂性，现总结如下：

（1）领导者应像戴着望远镜般地观察和窥见组织内部，要亲临基层，去倾听各种真实的声音，以便在问题发生时能准确感知、理解并找到正确解决方案，而不仅仅局限于会议室的各种报表和材料。

（2）用好人、用对人是组织的竞争优势。但人总是不断变化的，领导者需要在实践中持续地与员工互动；要以严管厚爱进行互动，以更好地了解他们，敏锐地发现他们的改变。

（3）领导者应善于运用实际、鲜活的案例，积极与组织内外部的所有人进行互动，以不断提升组织的学习能力和问题分析能力；提高组织对意外情况和棘手问题的敏锐度，并学会运用系统思维解决问题，创造积极正向的涌现。

通过以严厉的爱之方式进行互动，你可以了解你以前知之甚少的领域，可以确定你在知识上的差距。本书的下一部分是关于SIILA模型的学习。

第五部分

学　习

第十章

领导者的世界学无止境

领导者的头衔几乎令所有的人心驰神往。从经理到首席执行官，无数人跃跃欲试，互不相让。这一现象并不难理解，因为领导者们通常看上去都有权有势，且无所不能。

但这个表象其实与事实相去甚远。实际上，这是因为成功的领导者永远都是在探索和积累知识，提升自我。因为领导者明白，这个世界有着太多未知的知识，他们必须不断学习，以尽量防范由未知导致的失败。同时，领导者还背负着带领整个组织完成目标的艰巨任务，因此领导者必须有一颗学无止境的心。

面对这个世界的纷繁复杂，学习能力是最重要的。因为它不会像其他技能一样，随着时间的推移而过时。那么，领导者是否要学会做组织里上上下下的每一项工作呢？答案当然是“不”，那也是不可能的事。但他们必须学会做一些特定的工作，比如，人员招聘、团队整合以及日常运营管理。

这些工作说起来容易做起来难，这需要领导者去学习综合性、复杂性知识。

问题的关键在于，领导力本身就是要应对复杂性。在复杂性范式中，领导者唯一可以确定的是，人、组织、文化、客户、供应商、市场等都在变化，并且会永不停息地变化下去。

解决复杂性问题并不是体现在控制财务预算或对下属发号施令上。面对复杂性，领导者要做的是塑造正确的价值观和行为模式，敢于直面纷繁复杂和各类不确定性境况，并为组织确定共同的方向和目标，坚定不移前行，决不退缩。当领导者能够做到这些并实现了组织目标时，他们就成功了。

要做到这一点，领导者必须查找两个方面的不足，即技术知识的不足和组织知识的不足。这两个不足之间相互关联，就像我们讨论过的所有事情一样，这也是每一个领导都可能遇到和面对的问题。为了清晰起见，我们把它们单独拿出来分别做讨论。

第一节　技术知识不足

让我们想象一下，一个 3 岁的孩子问他的爸爸：为什么家里的汽车不能飞？这是一个典型的越解释越糊涂的问题。父亲无法用 3 岁孩子能理解的话语来解释重力、空气动力学等原理，无论如何都很难讲清楚。他只能说汽车不能飞是因为它没有翅膀。而这对 3 岁的孩子来说已经足够了，这才是他能理解的答案。

你可能会质疑，这个例子与领导力有什么关系？实际上关系很大。

正在阅读这本书的领导者可能会因为我把他比喻成一个 3 岁的孩子而不悦。让我们来试想一下，与产品工程师相比，你在产品设计方面的知识确实跟一个孩子没什么差别。不过这没关系，因为你的工作内容无须你去深入理解产品设计的所有知识。但如果你在业务场景中忘记了这一点，那么你的表现还不如一个 3 岁的孩子。

我曾经参加过一次发动机业务会议，某个组织的新领导者，我们暂且叫他泰德吧，当众质疑了点火线圈业务部门领导者比尔的领导能力。他说，比尔部门的业务发展缓慢，他不应该只专注于汽油机，还应该开拓市场，同时进军柴油发动机点火线圈的业务。泰德认为，这是一个跳出固化思维的办法，可以提升公司的销量，发展公司的业务。如果你像泰德一样对汽车一无所知，可能会认为这是个不错的主意。不去拓展柴油机业务听起来的确像是错失了一块巨大的市场。

但这里面有个问题。

在汽油发动机中，汽油被喷入燃烧缸并与空气混合，被压缩的空气和燃料的混合物由火花塞点燃，进而联结火花塞的点火线圈将 12 V 汽车蓄电池电压转换为产生火花所需要的数千伏电压。但柴油发动机却无法做到这一点。柴油被喷入燃烧缸，而燃烧缸中含有压缩的空气。由于空气在压缩时会加热，因此空气会自动点燃燃油。所以从技术上讲，柴油发动机根本不需要使用火花塞和点火线圈。

泰德只是一味指责比尔的业务能力，甚至没有问问他自己的提议是否可行。他可能认为去询问提议的可行性会显得很傻，但是问个傻问题又有什么关系呢？领导者必须时刻保持求知欲并不耻下问。如果问了这个“傻”问题，泰德就会因此受益，而不是错误地批评比尔来表现自己的不可一世。作为一名领导者，对企业中产品和技术的足够了解能够很好地支撑起你的领导力。当你不知道某件事的答案——当然你也不可能知道所有事情的答案时，敢于“问”就对了。一个好的领导者不应该夜郎自大。

如果你像泰德对待比尔那样对待你的员工，他们就不会在必要的时候向你说明真相。领导者不可能无所不知，无所不通。但领导者应该知道一些起码的知识，能问出像样的问题来。如果你对公司的基本情况都一无所知，束手无策，你将很快失去员工对你的尊重和信任，他们可能不会当面嘲笑你，为了保住“饭碗”，他们还是会把“好领导”“好老板”挂在嘴上。但如果你总是表现出无知或傲慢，你将收获的一定是背地里的嘲笑和轻视。

想象一下，你根本不了解你的组织是如何运营的。在你的月度经营回顾中出现了一个问题，然而身居高位的你，并不知道你可以做些什么，不了解具体责任人是谁，更不要说理解到底出了什么问题。如果是这样的话，你就根本没法解决这些问题。更有甚者，还可能会去指责那些脚踏实地、真正付出努力想要解决问题的人。如果这样，负面的涌现就会慢慢出现。当领导者缺乏经营管理的技术知识时，领导者会逐渐失去员工的信任，整个组织都会倒退。也许短时间之内能用权力或者强压政策稳住局面，但绝非长久之策。

当领导者失去了组织的支撑时，便无法再被称为领导者。而在没有真正领导者的情况下，其他资质好的人身上的领导者特质就会慢慢浮现出来，进而一步步取而代之。

当我在底特律办事处与销售团队一起工作时，我了解到全球项目管理部门没有很好地发挥作用。他们在与瑞士产品设计中心的合作上出现的问题，我以前并不了解，但现在我知道了，就必须采取行动修复它。通过厘清事实、增加培训、加强沟通，整个项目管理团队在很大程度上得到了改变，并重新步入正轨。之后，我们又将这些行动方法广泛应用于全球不同地区的项目管理团队中。通过这项改善措施，整个公司的项目管理能力得到了大幅提升。

领导者的领导力不是微观管理或执行某个独立的项目，他们无须精通具体的技术，但他们需要掌握基本的常识，并及时发现组织需要做出的哪怕是小小的改进，然后运用所学管理知识去促成它、贯彻它，并一直保持下去。

即使在底特律我们做出了很大改变，也仍然存在着认知方面的不足。我也曾认为前面提到的项目进展顺利，我的直接下属也汇报过，说这个项目推进顺利，但事实并非如此。从互动中我发现了问题端倪。因此，我对团队提出了改善跨文化沟通合作的建议，以确保项目的顺利完成。我不知道这些产品从技术层面上是如何具体运作的，我也不需要知道；我们的工程师自然会负责这些工作。我的工作是找到不同边界间的差异，并为问题改善提供方向，因为我拥有解决这些问题所需的知识和能力。

要找到边界差异，领导者必须始终保持终身学习的态度。因为永远会有新的、闻所未闻的问题出现，需要领导者随时去面对。这些问题都没有现成的、统一固定的答案。事实上，如果你把时间都花在流于表面的问题上，你的组织将无法正常运转。你需要修复的是整个流程和系统，你应该把时间花在处理未知的、充满复杂性的问题上。

另外，领导者需要做到虚怀若谷，要善于承认自己并非无所不知，要通过学习提出正确的问题。否则，你可能会发现自己像泰德一样，愚蠢地要求你的团队做一些根本不可能实现的事情，并因此颜面尽扫。虽然领导者可能存在技术知识的不足，但领导者可以塑造良好的价值观和行为模式，并为公司的明确持续前行的方向。那么，在充满了各种不确定性的当下，如何管理和协调组织成员朝着一个共同的目标努力呢？这里需要用到组织知识——领导者必须积极弥补组织知识的不足。

第二节　组织知识不足

1687年，艾萨克·牛顿（Isaac Newton）用他提出的运动三定律改变了世界。这些定律表明，物体的速度和位置是可以被精确确定的，由此产生了决定论。决定论的思想一度放大了我们周遭一切的影响力和因果关系，这意味着我们周围的一切早在我们生命伊始就在发挥作用，从而造就了今天的我们。按照这个理论，我们的主观能动性是很小的，我们没有办法真正影响所处的环境或者预测我们努力带来的结果。1927年，德国科学家维尔纳·海森堡（Werner Heisenberg）用他的测不准原理挑战了牛顿的决定论。根据测不准原理，物体的位置和速度不能同时精确测量，实际上，同时精确测量位置和速度在现实生活中也没有意义，因为当你能够精确定义这些数字时，它们已经发生了变化。这意味着宇宙中存在着一种无法被阻止的内在随机性，即使是像阿尔伯特·爱因斯坦（Albert Einstein）这样的科学家也无法改变。

如果你已经对复杂性和不确定性问题有所了解，就不会对这个概念感到意外。这又回到了一个事实：即使是今天费尽心机做出的决定，未来也不一定会是我们预期的结果。我们连自己都不能完全了解，更何况对于其他复杂的事物。但我们可以最大限度地缩小认知差距。

第十章　领导者的世界学无止境

我们在前几章中讨论了交互，目的就是探索和了解我们不知道的事物。这种探索永无止境，对于技术知识来说如此，对于你的团队和组织来说更是如此。你要时刻关注组织中出现的涌现是积极的吗？它是沿着正确的方向发展吗？它开始步入歧途了吗？

没有哪位领导者愿意失败，每个人都想赢得胜利、留名青史。那么，为什么有的领导者不选择正确的时间采取正确的行动呢？这通常是因为他们并不了解事实。无论事关自己的组织、市场、客户还是供应商，只有了解事实，才能做出正确的决定，才能尽职尽责，尽善尽美。

请记住 SIILA 模型中处理复杂性问题时的交互行动。

交互不是为了处理一件事。尽管如果你做好了互动，问题通常会随之得到解决。交互的真正目的是了解组织的真实状况，以便及早采取行动。

当你进行交互行动时，你会很快知道：

（1）你的一举一动都被关注着，都在给组织传达一种信息。

（2）你的关注点不是取悦上司或股东，而是成为组织的一部分。

（3）你并没有多少权力和能量，真正的权力和能量蕴含在组织内部。

（4）你永远无法掌握事情的真相。在你以为你掌握了的时候，它也许已经变得不同了。

（5）建立信誉，塑造正确的价值观和行为准则，赢得声誉，是你领导组织最有力的武器。

如果你无法与组织深度互动并掌握真实的情况，那么再鼓舞人心的演讲、再激动人心的愿景、再强大有力的使命或是提供给员工的慷慨福利，都不会让你成为一名真正的领导者。那么，如何才能成功地领导一个大型组织呢？你能习得使它健康运转所需的知识吗？当然，你可以的。

下面来看看我们能从拉里·卡普（Larry Culp）身上学到什么。

拉里·卡普于2000—2014年担任全球科技集团达纳赫公司（Danaher Corporation）的总裁兼首席执行官。在此期间，公司销售额增长了5倍，达到200亿美元，市值则从100亿美元飙升到500亿美元。达纳赫商业系统（Danaher Business System，DBS）是推动这一成功背后的引擎。在20世纪80年代中期，该公司上线了这套基于精益制造理念的系统，有效地推动了一系列的变革和进步。DBS旨在让杰出的人员制订杰出的计划，并使用世界一流的工具执行这些计划，以构建可持续实现的卓越绩效。该流程的基本核心是日本制造业理念中的“go-see”方法，该方法涉及行动所在（genba）、持续改进（kaizen）、一切问题汇报管理层（andon）和看板视觉监控（kanban）。这一总体概念涵盖了从工程、财务、人力资源到供应链等方方面面的内容。归根结底，它的核心是一种思维方式和理念。

这都是“go-see”方法中的交互理念。它能让问题尽早浮出水面，以避免提交高层审议时已无回天之力。它着眼于把每一件小事做好，将每一个小问题处理好；着眼于不断改进，持续良性循环。

其实交互理念并没有什么神奇之处，就像丰田的生产系统也没有什么神奇之处一样。整个系统都可供任何人学习和复制。但要成功实施，领导者必须构建一种思维模式。这不是靠液晶屏上的鼓励口号，各种精美的宣传材料，或是高价聘请咨询顾问就能做得到的。拉里·卡普掌握并内化了这种思维模式。他笃信这个原则：要解决各类复杂性问题，领导者必须与各个层面进行准确的、密切的互动。

卡普自2014年从达纳赫退休后，开始在哈佛商学院教授这些基础知识。

一旦领导者能够着眼于把小事做好，正言正行，整个组织都会效仿。你可能都来不及觉察，大大小小积极的涌现就会在组织中蔓延。

这里，我再举一个例子，来说明一个正确的行为是如何在组织中开枝散叶的。

有一次，我带着我的执行团队外出开会，研讨我们作为一个团队的表现及需要改进的地方。会议之前，我给每个人发了两本关于领导力的书，并给他们提出了一些问题作为练习，以引导我们的讨论。整个团队从这个简单的练习中收获了很多。几周后，我了解到所有高管回去后，在他们各自的团队里也做了同样的练习。我并没有要求他们那样做，但我很高兴他们这么做了。当我让这些高层管理者们阅读这些书，并与他们深入探讨书中的核心思想时，实际上已经树立了一个榜样。

相反，如果你言行不一致，你等于在传递一个信息，即你所说的并不重要，你的所作所为也不值得信任。慢慢地，这种行为的负面涌现就会出现，到那时再去纠正，往往为时已晚。

这些探索、学习和互动是领导者提高自身素质的关键。想象一下，如果波音公司前首席执行官丹尼斯·米伦伯格早点儿知道他的员工过度解读了他的成本削减计划，早点儿知道他们会承担无法承受的风险，那么结果是否就会不同？但这就是他认知的不足。

在《系统思维》一章中，我们讨论了所有事物都是如何相互关联的，以及复杂系统是如何涌现的。

在米伦伯格的案例中，组织中出现了负面涌现。但为什么他不知道？因为他没有去深入地探索了解，没有深入地进行各个层次的互动。

即使在飞机失事后，他也没有及时赶到事故现场，没有很好地与监管机构、客户以及公众媒体进行互动。他也因此丢了自己的“饭碗”。

这也充分证明，一个领导者与组织内部各个层级，以及组织外部各关联方进行互动是多么重要！

保持与不同层次的互动是持续学习的一种方式，它会让你如同接上了一根天线，随时能接收到组织的问题的信息。而这些都是我们了解组织和实践学习的良机。

还记得艾伦·穆拉利吗？他离开波音公司后加入了福特公司，他本是一名航空工程师和飞机专家，并非底特律汽车公司的高管，所以他在技术知识和组织知识两个方面都存在不足——但他很清楚地认识到这些不足，并采取了行动。他和各个层级互动，他使全球团队互联，因此弥补了他在技术和组织两个方面的不足。

好的领导者，可遇而不可求。

在下一章中，我们将讨论领导者如何寓学于教，教学相长，以及为什么伟大的领导者就是伟大的教师。

第十一章

领导亦要教授

“授人以鱼，不如授人以渔。”在商业环境中，我们该如何理解它呢？好的领导者乐于与人分享，明白什么才是真正助人。如果有人向他们寻求帮助，好的领导者会教他如何“捕鱼”（解决问题），而不仅仅是告知问题答案。这样求助者习得了问题解决方法，就不会因为同样的问题再次寻求帮助。当然，如果他又来向你请教类似的问题，就意味着领导者第一次没有教好，或者那个求助者太懒惰了。

教学是领导者了解员工、企业以及自身的最佳方式之一。

领导者总是有意无意地在教导身边的人。他们的一言一行，都是在向组织传递信息。如果领导者能明白这一点，就可以做到言传身教，引领企业往积极的方向发展。

领导者应该不断实践各种积极的教授方法。可以在例会或互动中教授，将出现的问题视为学习的机会；也可以直接进行课堂式的教学。好的领导者深知寓学于教，在教授中获得学习的力量。他们总是创造各种机会致力于教授，并实现教学相长。

复杂性环境中的成功领导者都注重通过工作中活生生的实例

教导自己的团队成员，而不是“纸上谈兵”，简单地让他们听令行事、唯命是从。

通用电气首席执行官杰克·韦尔奇（Jack Welch）推广了“领导者亦是老师”的概念。杰克·韦尔奇不仅能在通用电气公司的克劳顿维尔领导学院（Crotonville Leadership Institute of GE）发表广受欢迎的演讲，他还是该学院的正式讲师。他花了很多时间亲自培养下一代领导人。当领导者专注于培养员工，培养他们自主学习和个人发展的热情时，员工个人就会不断提升并释放他们真正的潜能。这能激发出员工最好的一面，帮助他们实现个人的职业目标——这同时也意味着公司会变得更好。

百事公司（PepsiCo）首席执行官罗杰·恩里科（Roger Enrico）发起并领导了一个名为“高管领导力：打造企业”的项目。整整五天的时间他全身心投入教学中，之后他又让每个参与者制定了行动计划，督促他们将所学的知识应用到工作实践中；其间他还亲自参与了指导。3个月后，他们又专门开了一次三天的会议，他让每个人分享他们在课堂和实践中学到的东西。通过他的这个项目，恩里科发掘了百事可乐公司下任CEO卢英德（Indra Nooyi）先生。

第一节　教授的力量和影响力

领导者通过教授其下属和员工，为组织留下了很多宝贵的财富。当教授这一行为停止时，学习型组织也就停止了；学习停止了，发展也就开始停滞，组织自然也就开始衰落。可见，领导者所肩负的教授力量是多么巨大。但总有一些领导者无法认识教授的影响力，有些领导不喜欢在人们面前频繁露面，有些则会质疑为什么领导者需要去教，因为他们认为这不是他们的职责；他们可以雇用最好的人去做这些培训；还有些领导可能会说，领导者日理万机，忙于许多要务，没时间去教。

实际上，领导者可以通过不断学习和教授为组织建立扎实的基础。就像数千年前的苏格拉底、柏拉图、亚里士多德、孔子等伟大人物，他们通过教授不仅让同时代的人受益，也为我们今天的文明做出了重大的贡献。

领导者比组织中任何人的权力和影响力都大，应主动为组织建立正确的行为和文化基础，并使每个人都接纳。

韦尔奇和恩里科之所以在公司教授那么多课程，很重要的原因之一是他们在教学过程中能了解到公司的具体情况，这远超常规业务评审中所了解的内容。同时，他们还有机会发现很多关于员工的情况，了解他们遇到的困难以及他们的想法。这些都利于领导者们制定更合理的问题干预措施和企业发展战略。

对于领导者来说，教授的最大好处是教学相长中的互动与学习。请记住，SIILA 模型在这一部分主要关注学习。领导者要教才能学，教与学相辅相成。通过教学，领导者才会发现他所推行的理念、技能、价值观和行为准则是否在引领组织往正向发展。若没有，领导者则可以及时做出必要的调整，促进组织涌现更多积极的一面。

教学也有助于建立信任。它让参与的员工有机会接触领导者，亲眼看到领导者如何将自己与组织的价值观结合起来，并树立良好的行为榜样。这有助于员工个人的成长发展，激励员工做最好的自己，最终帮助组织完成绩效目标，实现长远发展。

教学还能让你更好地了解你的员工，帮助你物色关键职位或继任者的储备人才。这样，当需要填补一个空缺职位时，你就不用急着到外部寻找合适人选，因为你心中可能早已有内部合适的储备人才了。

但是，如果你并不了解组织内部人员的能力和技能，那么你只能从外部招聘。正如我们前面所讨论的，再多的面试也无法确定你聘用的人是好是坏，是否适合岗位。有时，可能需要数年的时间，你才能真正了解一个人，但如果到那时才发现问题，为时已晚。同时，如果内部明明有合适的人选你却并不知情，依然选择外部招聘，内部的优秀人才很可能选择辞职，因为他们已经失去了对领导者的信任。

在前面章节，我们谈到了波音公司和福特公司。有趣的是，波音公司因缺乏优秀的领导者而艰难挣扎；与此同时，辞职离开波音公司的艾伦·穆拉利却拯救了福特公司。

当时，艾伦·穆拉利是波音公司的总裁兼首席执行官，哈里·斯通尼弗（Harry Stonecipher）是波音公司的首席执行官。2005 年，斯通尼弗在被披露与下属有婚外情后被迫辞去波音公司首席执行官的职务，因为这违反了波音公司的行为准则。许多人认为，凭借穆拉利在商用飞机集团的成功以及他数十年为公司的忠诚服务，理应成为波音公司首席执行官的不二人选。但哈里·斯通尼弗离职后，最高职位却由外聘的前 3M 首席执行官詹姆斯·麦克纳尼（James McNerney）担任。穆拉利于是从波音公司离开，成为福特公司的首席执行官，并带领福特走出困境，取得了辉煌成就。

了解自己的员工，对于领导者来说至关重要。人事方面的决策绝对不能授权，领导者必须亲自参与，严格把关。而亲自参与培训和教学则是领导者了解自己员工的绝佳方式。一个深入基层并教导员工如何完成工作的领导，才会有机会与整个组织分享更宏伟的愿景。领导者可通过教学讲解并示范正确的行事方式、思维模式，这有助于员工提升格局，站得更高，看得更远，帮助组织实现更大的发展目标。

我们都知道，企业需要更多的领导者来完成目标。培养更多领导者的最佳方式是让今天的领导者培养未来的领导者。而教学也能帮助领导者更好地驾驭当前的领域。他们教得越多，自身掌握的专业知识就会更广泛、更深入，从而形成一种良性循环，不断成长为更好的领导者。简言之，当领导者教授知识时，实际上也可被看作员工与领导者之间相互学习的方式之一，它会产生一种接受、反馈与互惠的循环。此时，领导者可以通过行动改变自己和组织，及时解决复杂性问题以实现绩效。

既然教授对于复杂性领导力来说如此强大，那么领导者该如何进行教学呢?

教学可以随时随地进行。但想要保证好的教学效果，领导者必须对他所教授的内容有自己明确的观点。

第二节　你可教授的观点是什么?

人们总是在寻找成功的方法，并尽力与周围的人更好地合作。无论工作还是生活，都是如此。而市场上也充斥着各类书籍，演讲、社交平台等各类内容和五花八门的课程受到很多人的青睐，人们通过各种方式获取知识和寻求灵感，并朝着他们期望的目标努力前进。

每次走访各地的工厂时，我都会组织运营审查、工厂参观、员工大会和一些领导层级的活动。我会确保我在每个工厂都至少花 90 分钟与年轻的员工进行跨级别的交流，同时不允许有他们的经理在场。

这些年轻员工的职业生涯刚刚开始。他们有很多东西需要学习，他们也渴望学习。同时，我自己也需要向年轻一代学习。我与他们沟通，是为了在他们的成长之初，尽我最大的努力帮助他们，确保他们个人的远期目标能与公司保持一致，同时，这也帮助我把握年轻一代人才的脉搏，因为他们是我们的未来。每次沟通会开始的时候，我都会开几个玩笑，让大家放松下来。我发现，除非你能跨越这条级别的边界线，让大家感到舒适和放松，否则他们不会给你足够的信任，也不会轻易与你谈论他们心中的真正所思所想。

有一次，我在走访的一家工厂举办了一次青年人才交流会。这是我最喜欢的会议。我问了大家一个简单的问题：你为什么想要在职业生涯中获得成长？那天有 20 名年轻的员工参加了沟通会，其中一位员工的回答深深触动了我，让我久久不能忘怀。

那是一位 20 岁出头的女员工，她说，有个女士怀孕时，得知该消息的她的情人因为害怕承担责任而选择了离开。即便如此，这位母亲毅然决然地生下了孩子，勇敢地成为一名单身母亲。她独自承受了所有的痛苦以及来自社会与家庭的压力。“我就是那个孩子，”她眼里含着泪水激动地告诉我们，“我想让我的妈妈为我感到骄傲，我想告诉所有的人，我妈妈选择留下我是值得的。对我来说，没有什么比这个更重要了。”虽然会上还有很多来自与会者的很好的答案，比如，想证明自己，奉献、帮助别人，成为自己孩子的榜样，等等，但她的这个回答直击我的内心。

我感到震惊，他们的目标并不是以多快的时间拥有一辆敞篷跑车，或购买一处海滨房产，他们并没有要成为上层阶级或者富人的野心。

可以肯定金钱在某种程度上激励了他们中的许多人，但除此之外，他们都有着与家人的深厚感情和真正的人生目标；而领导者的工作就是帮助员工在公司发展的过程中也能实现他们自己的目标。因此，那天我让会议室里的年轻人都写下了那个问题的答案。我告诉他们，要好好保存，至少每个月看一次。我劝他们不要追求金钱、权力和社会地位，因为这些虚无缥缈的东西终有一天会随着生老病死而远去。更重要的是，不应该等到 70 多岁才开始有意识地去享受生活，才找到生命的意义。这一切应当从一开始就融入我们每一个人的日常工作和生活中。

他们很喜欢我的发言。没人会想到总裁会与他们推心置腹，面对面地坦诚交流。他们原以为我会叮嘱他们要努力工作，多做事、别偷懒，和最优秀的人去竞争……那样的大话和空话。你真的认为一个刚参加工作的年轻人会真正地从心里去关心公司的成长与未来吗？这需要一定的时间。初入社会，他们更需要的是一位值得信赖的领导或长者，关心他们的期望与梦想，并帮助他们实现自己的目标。如果你对员工的内心毫无察觉、毫不关心，只关注企业的业务以及能从员工身上获得什么，员工就会离开你，与公司离心离德，且时时想着再去找一份薪资待遇更好的活儿。毕竟在市场上找到另外一份工作并不难。

许多领导者都表示，很难与千禧一代的年轻人在工作上交往与合作。但我并不这么认为。他们更聪明，他们所掌握的知识比我们同期要多百倍。问题在于老一辈的人很难与他们建立联结。当然，老一辈有更多、更丰富的经历和经验，但这并不意味着他们的坚持都是正确的。其实，年轻一代，即大家所说的“后浪”敢于挑战老一辈的看法，这是件好事。大家可以一起努力，让新旧融合。在教导年轻员工上，最重要的是要他们多花点时间探索自己，弄明白自己到底想要什么样的生活。而且你还要明确地告诉他们，你能帮助他们解决这个问题。

有些人很早就知道自己是谁，想要什么，但许多人却不知道。

哈佛大学教授、精神领袖拉姆·达斯（Ram Dass）是《人在心在》一书的作者，他在很大程度上为美国文化引入了东方概念，如冥想、正念和瑜伽练习。他以激励了史蒂夫·乔布斯（Steve Jobs）等业界领袖而闻名。

这里有一个关于他的故事。

拉姆·达斯出生于美国马萨诸塞州牛顿市的一个富裕家庭。当时，他的名字叫理查德·阿尔伯特（Richard Alpert）。他的父亲是布兰代斯大学的创始人和纽黑文铁路公司的总裁。阿尔伯特获得了斯坦福大学心理学博士学位，并被哈佛大学聘为教授。在哈佛大学期间，他开始了一项个人研究项目，并开始服用迷幻剂（一种药物）。当然，哈佛大学不会宽恕这样的行为，最终他被解雇。失去工作后，阿尔伯特有了很多空闲时间，他决定前往印度。在那里，他遇到了一位来自美国的精神流浪者巴关·达斯（Bhagavan Das），并开始向他学习正念。这次相遇可谓天赐良机，当时正沉浸在失业痛苦中的阿尔伯特，既无法停止思考过去，又担心着自己的未来。每当阿尔伯特试图开始谈论他的过去时，巴关·达斯就会说："不要回忆过去，现在你就在这里。"每当阿尔伯特问他们要去哪里，未来会是什么样子时，巴关达斯总是回答："不必考虑未来，现在你就在这里。"最终，巴关达斯将阿尔伯特带到上师尼姆·卡罗利·巴巴（Neem Karoli Baba）[也被称为马哈拉吉（Maharaj-ji），即伟大的国王]那里，阿尔伯特在那里深入学习瑜伽、冥想和正念。后来，他在那里学会了通过冥想获得启迪，并发现生命的意义；而在过去，他只能试图在迷幻药中寻找。理查德·阿尔伯特由此被赐名拉姆·达斯。

1968年，拉姆·达斯回到美国，现在他是一位留着浓密胡须、赤着脚的白人古鲁。回国后，在一个全国性的广播节目中，他分享了他与马哈拉吉在一起的经历。"当我和他在一起的时候，我感受到我们之间深深的爱，这让我感到狂喜和幸福。这是一种像'醉了式'的爱，我经常发现自己沉浸在泪水中，因为我从未经历过如此深刻的爱。"

拉姆·达斯的这句话很好地诠释了一位优秀的教师能给人留下什么样的印象，抑或优秀的教师应该给人留下什么样的印象。所有的领导者都是老师，而所有的领导者都有自己真实而深刻的故事。作为一个领导者，我们要学会通过讲述自己的故事，拉近与下属和员工的距离，并建立信任关系。虽然他们的内心也许还有所防备，因为他们还不清楚自己是谁。

其实，每个人都在寻找灵感的火花去发现他们到底是谁，包括领导者自己。苹果公司的创始人兼首席执行官史蒂夫·乔布斯曾经启动了一场关于计算机、音乐和移动通信行业的全球革命。

乔布斯的生母在学生时代未婚先孕，乔布斯一出生就被硅谷的一位机械师和他的妻子收养。乔布斯十几岁在里德学院读书时，读到了拉姆·达斯的书《人在心在》。这本书对乔布斯影响巨大，不仅让他开始练习冥想，还激励着他前往印度与马哈拉吉会面。但他的旅程与拉姆·达斯的经历大不相同。一个身无分文、十几岁的大学辍学者去往印度的经历注定与一个来自富裕家庭的前哈佛教授的经历截然不同。尽管如此，乔布斯还是把他喜爱的牛仔裤和T恤换成了一种印度人用的腰布（Lungis），开始了从新德里到喜马拉雅山的旅程。他睡在废弃的建筑物里，靠当地的食物生存。每个星期天，乔布斯都会步行七英里到哈雷克里希纳神庙获得一份免费食物。

有时候，事情会变得让人绝望。

一天夜里，乔布斯和他的朋友丹尼尔·科特基（Daniel Kottke）夜里正睡在一张干枯的河床上，突然被困在一场猛烈的雷暴中。科特基后来在他的《偶像》（*Icon*）一书中写道："我们向上帝祈祷：'亲爱的上帝，如果我能渡过这个难关，我保证我会做一个好人。'"遗憾的是，尽管乔布斯在旅途中经历了各种磨难，但他最终还是没能见到大师马哈拉吉。因为，乔布斯还没来得及见到他，大师就仙逝了。

那么，乔布斯在这段旅程中到底学到了什么呢?

乔布斯发现印度比他想象的要贫穷得多，这个国家贫乏的物质状况与它神圣的传统精神文化之间的极不协调，这给他留下了深刻的印象。他想用一种不同的方式为世界做出贡献。虽然印度之行并没有帮助乔布斯认识马哈拉吉并找到他的启蒙之路，但他发现了另一个真理和另一条道路。这次旅行成为他人生转折的标志。

当其他发明家专注于奢侈品及工业领域时，托马斯·阿尔瓦·爱迪生（Thomas Aiva Edison）的目标是让技术变得更便宜。爱迪生一生致力于机械和电气设计，专注于制造可靠的、可批量生产的实惠产品，并在 1890 年创建了通用电气。

乔布斯沿着他发现的真理和道路，创立了苹果公司，并使之成为世界上最伟大的公司之一。他始终坚守着内在的精神支柱，即使在身患癌症之后，他还是去了印度继续冥想。他总是坦诚地和大家分享自己前往印度的故事，这一经历帮助他建立了世界上最具创新的企业文化之一。可见，领导者通过讲述自己的故事去教会人们如何取得胜利，走向成功，将同时有助于完成企业的任务和目标。但前提是，你必须有一个可教授或传授的观点。

什么是可教授的观点？最好的可教授观点一定源于你自己的真实故事。

通用电气领导中心的负责人诺埃尔·提奇（Noel Tichy）教授曾提出这样的观点：领导者必须有一个可教授的观点。这个观点应该是关于领导者如何让企业取胜，以及如何领导他人的观点。

对于如何在商业中取胜和领导他人，所有的领导者都有自己的观点。但问题的关键是：你关于如何赢得业务和领导他人的观点是否可以或者值得传授给他人？简单地说，你的观点是否能被你的“学生”，也就是你的下属和员工所接受。如果你所教授的价值观和行为并不为他人所接受，而且还和他们的价值观极不相符，你怎么可能将员工们凝聚在一起，并完成工作目标呢？

最近，我受邀去参加一个项目管理大会，并给大家做一个小时的演讲。大家都以为我会教他们如何制定时间表，保持项目的进度，以及如何按时保质保本，确保项目落地。但我认为，这些技术性的东西有很多比我更专业的人可以教授。我在黑板上写下了我想和大家探讨的三件事：你、你的工作和你的职业规划。我和他们讲述了这样一个故事：有一个员工，他在工作中是个守时的人，但在生活中却极不靠谱。比如，他答应奶奶周末去看望她并和她一起吃午饭，但他却比约定时间迟到了六个小时。他可怜的奶奶满怀期待地准备饭菜，却整整等了一天。一个人不能人前人后不一样。自律是很困难的事，但如果你坚持管好自己并且做得很出色，你的生活和事业一般都会成功。故事讲完后，我问这个团队："你们注意到一些不能自我管理的人有什么特征吗?"大家给出了很多的答案：

（1）出现问题时，他们会责怪他人。

（2）出现问题时，他们总喜欢找很多借口。

（3）他们总是觉得自己不够走运。

（4）他们觉得自己从来没有错过。

（5）他们经常觉得这世道对他们不公平。

这些都不是我灌输给他们的观点和答案，而是出席会议的50名项目经理对于故事的理解。可以看到，这个讨论对于增强企业的责任意识和经理人的担当意识是多么重要！如果每个项目经理都能自觉地对项目的按时落地负责，他们就会提前发现问题，规避风险，并能促成项目的按时完成。而项目的成功又会让员工更加快乐地工作和生活，并让他们在不断学习、成长中建立起自己的职业生涯，进而促进企业的发展。

我曾经把集团公司的200多位中高层经理送到上海的一所著名院校的商学院培训学习，但我并没有要求他们与企业签署在职培训协议。商学院的领导和教授们都非常惊讶，他们从未见过任何一个企业送来自各地的中高层干部进行脱产学习，而不签这类协议的，因为大家看到的是培训的成本，以及“翅膀硬了可能更容易飞走”的风险。但我送这些能干的经理们去国际大都市的商学院培训学习的目的是让他们成为更好的经理、更好的自己！也许他们学成后会另谋他就，获得更高的职位，但这不正好可以检验你的领导魅力吗？

我想尽我所能，让我的下属和员工发挥出他们最大的潜能，洞见内心，找到最好的自己。我不希望他们是因为那份培训协议而不得不留下来，我更希望他们是因为相信我的领导力而不屑于外部的诱惑，愿意死心塌地地为公司工作。领导者应努力建立起这种信任的“绑定”，它远胜于一纸合同。

这是我历经成功和失败后所悟出的心得，所以我选择这种管理方式，并始终坚信这一点。

为了逐步构建这种“信任”，领导者必须有一个可教授或传授的观点，而且要积极寻找机会进行传、帮、带，以在实践中检验它的可行性和价值。

获得一个可教的观点需要进行精心的准备，你要反思你在过去的成功和失败；探寻你是谁，什么对你来说是重要的。一旦领导者有了可教授的观点，他们就可以用各种方式进行教学。他们会把与下属和员工的每一次互动都变成一次教授和学习的机会。他们不会抱怨没有时间；相反，他们经常在百忙之中抽出时间来教授下属和员工。当领导者开始分享他们的经历、他们的信仰、他们对团队的期望，并开始了解团队对领导和公司的期望时，他们就可以让自己的形象在员工心中变得清晰，从而更容易和员工建立起相互之间的信任感。这种信任能使全员目标达成一致，企业内部充满积极正向的涌现，从而大大地提升企业绩效，完成各阶段任务，并实现最终目标。

如果领导者发现他们所教授的知识并无实际价值，就表明他们的观点和领导力本身是存在问题的。从另外一个角度来看，这也正是领导者自我学习和调整其领导力的时机。

第三节　回　　顾

在第五部分，我们学习了 SILLA 模型中的“学习”部分。要点总结如下：

（1）应对纷繁复杂的环境，学习是领导者必须掌握的最重要的技能。任何其他的技能都可能随着时间的推移而过时，唯有学习技能将让你受益终身。

（2）“三人行，必有我师”，每个人的知识体系和结构都不可能完美无缺，领导者也一样。领导者不应回避和掩饰自己的知识短板，必须不断地学习产品、服务、流程、政策等各方面的技术知识，并且注重学习和掌握有关人员管理和企业文化方面构建的组织知识。

（3）人们总是希望成功，领导者应善于分享他们的“可教授的观点”和“领导力视角”，构建学习型组织，并在教学相长中与组织成员建立信任关系；在不断促使员工实现个人目标的同时，为组织创造积极正向的涌现，以促使组织实现最终目标。

学习可以转化成一种伟大的力量——除非领导者能学以致用，积极改变，否则学习是无用的。在本书的下一部分中，我们将讨论 SIILA 模型的最后一步，即“适应”。

第六部分

适　应

第十二章

承诺去适应

我的一位朋友曾经告诉我，她和她十几岁的儿子关系不好。在几次争吵和误解之后，他们都认为对方不关心自己。因此，她决定通过读书去学习如何改善亲子关系，但读完一本书后似乎对她并没有多大的帮助。于是，她又读了另外一本书，依旧没什么效果。她告诉我，她所读的这些关于亲子关系的书都很棒，有很多好的故事、想法和建议。可是她接连读了十多本，与儿子的关系却没有任何改善。我告诉她不要再继续读下去了。其实她心里很清楚她和儿子之间的问题是什么，也知道解决办法。而且我也相信她看的第一本书中就已经告诉了她所需要知道的一切。书中已经明确告诉她，她需要开始接受这个小男孩正在成长为一个青少年的事实。不要再紧盯他的弱点或缺点，应该试着开诚布公地讨论与儿子的关系。只是她自始至终没有采取任何行动，这样她的读书学习变得毫无价值，没有收获和结果。

这就是很多人读了很多书却没有自我改观的原因。我们需要不断地去实践，而不仅仅是纸上谈兵。大量的阅读可以让你显得很聪明，可能也会帮你找到一份理想的工作。但是要真正把事情做好，你还必须在实践中运用你所学到的知识。

前面提到过，我曾经与一所大学的商学院合作，分批让集团公司在各地的200名中高层职业管理者参加为期四周的全脱产“领导力发展”培训项目。这个项目包括了MBA（工商管理硕士）项目中能够学到的经济与管理知识，以及经理人的软硬技能。所有参与者都有学士学位，有些还拥有硕士或博士学位。学习结束后，我问他们学到了什么，答案几乎是一致的：

（1）以前我所掌握的知识已经过时，学习应当是持续的、永不停息的。

（2）未知的领域和知识实在是太多了。

（3）我的同事的聪明程度远超我的想象。

这对团队来说，是一个顿悟的时刻。这也意味着我们为此项目付出的金钱成本、时间和努力得到了回报，达到了我们当初的培训设计初衷。想象一下，如果200名管理人员都能按照学到的东西改变自己的行为，并保持谦虚和求知的学习态度与热情，积极发掘他们手下员工的潜力，这样的组织将会在日后取得怎样大的成就？

专注于拥有更好的管理者以及蓬勃发展的组织将帮助你建立强大的企业文化。这自然会使你拥有比竞争对手更好的产品与服务。这次培训学习结束后，这200名管理人员真的会改变吗？在温暖的回忆和兴奋的情绪都消退后，他们又会重返旧习吗？

正如我们在前几章中所讨论的，领导者必须通过互动来学习他们不知道的知识，洞察自己的认知缺陷。但如果学习后，并未做出相应的改变，那么学习就毫无用处。这就是SIILA模型的最后一步——领导者必须适应。

第十二章　承诺去适应

如今的领导者经常谈论组织转型是多么困难。的确如此，非常难。麦肯锡公司的一项调查发现，组织转型的失败率超过了60%；而《哈佛商业评论》的一项研究表明，超过70%的转型努力都以失败告终。从聘请专家到启动培训项目，再到制定时间表等，领导者调用了大量的资源来确保成功转型。那么，为什么他们仍然无法改变他们的组织呢？

除非领导者能先改变自己，否则领导者永远不能改变他的组织。

这听起来似乎很难接受，但领导者必须从改变自身做起（就像那个有紧张的母子关系的母亲一样），唯有如此，才可能实现组织变革的成功。

我曾经提拔了一个新的总经理来领导一个业务部门。他非常聪明，受过高等教育，并拥有这份工作所需要的工作背景。在他上任的前两个月里，他注意到团队的决策能力变得越来越微弱。他开始积极改变，并努力指导、训练他的团队，以帮助他们不断提高。

有一段时间，他因为和他的销售总监之间出现了一些问题，经常来找我谈话。关于他该如何处理与销售总监的关系，他似乎每天都有新的想法，比如让销售总监换岗，让另一位销售总监承担他一半的工作量，辞退他，又甚至想提拔他。

我意识到了这其实是这个总经理自己的问题，因为他不知道如何做决定。他花了太多时间试图纠正团队的行为，以至于他没有意识到这些行为其实源自他自己。在指导他的过程中，我告诉他，他需要意识到在他能够改变自己，并克服自身的缺点之前，他的组织不会取得进步或变得成熟。他是个聪明人，他认识到了自己的问题，并听取了我的意见。经过几个不眠之夜的自我反省，他最后以更强、更好的状态重新面对并成功领导了他的团队。

“改变自己”，这对于领导者来说，并不是一个创新的提法或全新的挑战。事实上，这是一个数百年来一直存在的老问题。俄罗斯著名小说家列夫·托尔斯泰（Leo Tolstoy）曾经写道：“每个人都想改变世界，但没有人想改变自己。”在解决复杂性以完成任务的过程中，领导者必须采取的最后一项行动就是自我转变和适应。当领导者采用系统思维，内化一个正确的价值观和思维，在组织中善于与人互动，积极学习他们不知道的知识，并根据他们所学到的知识适应和改变时，他们将获得他们想要的结果。这就是 SIILA 模型。因此，领导者必须根据他们学到的东西进行自我改造，仅仅停留在知道层面是不够的。

为什么人的改变会这么难？因为这需要很强的意志和不断的努力。回想一下，在你上次看医生或做体检时，你的医生可能告诉你要加强锻炼，注意饮食，要减掉 20 斤的体重，以保持心脏健康。我们知道，减掉多余的体重会让人感觉更舒服，更有魅力而且没任何坏处。因此，你也许因此而去买了一台跑步机或者购买了健身房会员卡。但是，又有多少人为了实现这个目标而持续锻炼并保证健康饮食呢？保持旧习惯比较容易，而要做出改变总是阻力重重。当人们总是说自己太忙或没有时间做出改变时，这其实并不是最深层的真正原因。

第一节　为什么领导不能改变自己？

我们生存在复杂性系统中，我们周围的一切都在不断变化。

任何一个领导者都不能故步自封、停滞不前，而应与时俱进，跟上时代发展的步伐。如果领导者不能改变自己并及时适应发展，那么领导者和他的组织都会停滞不前甚至倒退。

让我们举一个现实生活中的例子。

我曾为一家公司效力，该公司随着市场的爆炸性增长和公司的不断投入，在过去 15 年中实现了指数级增长，营业收入增长了 10 倍以上。然而，市场最终走向成熟，增长速度放缓，并且有更多的竞争对手进入，客户开始要求更低的价格和更高的产品质量。优秀的员工也有了更多外部的工作机会，公司的离职率升高，财务状况开始恶化，质量和交付问题频发。为了降低成本，公司将其中一家工厂从原址搬迁到 100 千米以外。工人因此开始罢工，各种问题加剧。仅罢工一项就使该公司损失了 2 000 万美元。结果，我的前任下台了，由我去接手。

公司的这种状况让我颇有感触。它让我想起了一个池塘：当水位高的时候，你看到的是美丽的风景；但是当水位下降时，你开始看到鳄鱼和其他潜伏在水面下的危险。在公司运营中，许多问题被市场的增长，以及由此带来的公司收入和利润所掩盖。其实，这些问题并不是在一天内突然爆发出来的，而是一直累积在那里。如果领导者只看到表面上光鲜的财务数据和业绩，而不清楚隐藏在背后的真实情况，当好日子结束时，这种认知偏差便成为通向失败的致命路径。而到此时再去扭转局面已为时过晚，尤其是对一个过去习惯了利润增长的团队来说，太难了。

通常，当我得知一家工厂出现问题时，我会立即带着营运总监亲赴现场。如果问题严重，我会多待几天，直到问题得到缓解。之后，我会让运营总监继续待在工厂，直到帮助工厂解决所有问题，恢复正常。这种方法有助于让领导者担起责任，在问题还处于萌芽阶段就尽快解决掉。

有一次，我们的一个工厂经理，无论在工作和行为表现上都出现很大的问题，我们不得不解雇他。但运营总监拒绝与他的这个直接下属谈话并告知公司的解雇决定，而是选择完全置身事外。后来我从另一位高管那儿得知，那个运营总监这辈子从未解雇过任何人。“一个运营总监，管理着一个那么大的组织，却从来不必解雇一个人?”我很疑惑。后来我了解到，每当运营团队中出现业绩表现不佳的员工时，运营总监就会将他调岗，并派其他人来顶替。这样的情况偶尔发生是可以理解的，毕竟“人无完人”。员工的一次糟糕的表现并不代表他无可救药。但是，如果长期如此并养成了这种坏的思维习惯，表现欠佳能力不够的员工从不解雇，顶替工作的人不断加入。这就意味着人员成本在不断翻倍，而组织的文化也会逐步倒退。

高销售额可以暂时弥补额外的成本，掩盖低效的工作状态；但当销售额下降时，企业的问题就会一下浮出水面。这个运营总监经常会说，我们需要改变，需要承担责任；我们需要解聘表现不佳的员工，要提高盈利能力，等等。但是他从来没有改变组织，也没有改变自己。

这一切让人感到痛心。他曾是公司里最优秀的员工之一，但他却没有试着去改变自己。他知道如何管理增长中的业务，但当市场退行时，他却无法驾驭。如果他能够及时改变自己，积极适应新形势，也许他就是我的继任者。但他始终做不到，在巨大的压力下，他开始迷茫、彷徨，并最终选择了辞职。

当然，公司里也有很多其他领导者愿意接受变化并改变自己，即使身处发展转型期，也依然成为强有力的领导者。你可以要求别人改变，但前提是你必须首先改变自己。这也是判断一位领导者是否已将担任领导者的意义内化于心的标准之一。

第二节　为什么改变如此艰难?

改变需要从你的内心深处开始。别人可以帮你指明前进的道路，但你必须首先迈出第一步，去冲破自己内心的阻力。领导中知道自己需要改变的人不少，但勇于改变自己的领导者却并不多。领导者固守自我的原因有很多，这里有一些常见的原因：

（1）担心变化带来的风险，待在“舒适圈”更容易，也更安全。

（2）害怕失去现在的所有，过去这样做可以成功，现在应该也可以。

（3）对改变后需要承担的工作量和需要解决的问题感到焦虑。

（4）自我保护，认为改变不会被组织重视和支持。

（5）看不到改变后的道路和希望。

（6）不满于现状，但又不能做出理性的决定和行动。

（7）缺乏改变的紧迫感，患有不同程度的“拖延症”。

领导者也是人，他们也有着和其他人一样的感受。但无论是什么原因引起的对改变的抗拒，都会阻碍你前进的脚步。要想突破内心的抗拒，迈出改变的第一步，建立一个专属的“自我改变档案”非常必要。

第三节　自我改变档案

在前面的章节中，我们讨论了了解自己的重要性。它是伴随我们一生的功课，因为我们自身在不断变化，这就是复杂性。所以，如果你知道你必须改变，就尽快找出是什么在阻止你改变。

有一次，我和一位年轻的销售经理讨论他的职业规划。他当时 34 岁。当我问起他的职业抱负时，他说不知道。我又非常具体地问道："你 45 岁时想做什么工作？"他犹豫了一会儿，然后说道："我想做一个好人。"我承认这是一个伟大的人生目标，但我问的是一个关于职业规划的话题。我又给他施压，希望他能给我一个答案，但他仍然毫无头绪，于是我请他一周后再来告诉我。

一周后，他终于很小声地支支吾吾开了口："我想成为一家企业的总经理。"这就是答案！我很好奇为何他在一开始难以给出答案。"其实我心里一直有答案，"他说，"但我担心其他人会认为我目前工作还不够稳定，对个人的未来发展未免太野心勃勃了。"因而，他只能将自己的职业梦想藏着掖着，不想改变他在大家心目中的形象。要想成为一名领导者，你必须有勇气说你的真实想法！那次谈话以后他做出了改变，后来他也如愿当上了总经理。

让我们再来看另外一个例子。一位企划传播经理离职后，我们提拔了她的一名下属接任。她的工作很出色，但她却拒绝做任何公开演讲。她甚至拒绝在员工大会上介绍议程，也拒绝在小型会议中作会议陈述。这是因为她对自己的公开演讲技巧没有信心，担心大家会嘲笑她。她的不自信和不安全感成为她抗拒改变的原因。解聘她本来很容易，但考虑到她之前的工作绩效，我们选择了留用她。她别无选择，只能勤加练习，不断突破自我。她在家对着镜子练习演讲，她把家人和朋友当观众练习演讲，她努力建立自己的自信，提升自己的软技能，最终她成了一名成功的企划传播经理和公众演讲者。

每个人都应该建立关于自己的改变档案。去发现那些正在阻止你改变的因素，对克服自身阻力并做出改变是至关重要的。

自我改变档案是个人习惯、价值观、信念、情绪、愿望以及这些要素在不同情况下的行为组合。找到自我改变的内在驱动力是关键的一步。成功的领导者还会不断更新自己的改变档案，让自己的改变更加深入和到位，并制定最佳的改变规划以实现个人的持续进步和发展。

在我们上面讨论的两个例子中，恐惧（怕失去良好的形象）和不安全感（公众演讲时引发的紧张心理）阻止了自我改变，好在案例中的当事人都克服了他们的自身问题。当他们遇到另一种阻力时又会发生何种情形呢？当你解决了一个问题，并不意味着你就不再遇到问题，下个难题仍会在前面等着你，这是一个常态并持续的过程。这就需要个人去探寻内在的、潜意识的不安与抗拒，不断克服并完成自我蜕变。对于领导者而言，为解决各类复杂性问题，必须愿意并能够改变自己，必须不断适应改变后的自己，唯有如此，才可能成功。

在下一章，我们将讨论领导者如何让改变成为一种习惯，以及领导者的自我改变将对组织产生怎样的影响。

第十三章

领导者改变组织

“系统思维”与“内化”清晰阐述了领导者的责任和目的。为了达成目标，领导者还怀着满腔的责任感和对目标的坚定信念，在组织内外进行互动学习，以弥补在技术和组织方面的知识不足。

回顾上一章，领导者需要改变和适应的是：

（1）找到个人认知的差距。

（2）学习和获取必要的知识。

（3）建立自我改变档案，制订个人改变计划。

（4）从内心接受变化并积极适应，周而复始，让变化和适应成为一种内在的习惯。

你可以找到私人顾问、自助书籍、心理建议、模板甚至软件工具用于管理“改变”。但是，对于自我改变，你必须通过倾听内心和学习未知的知识，进而确定正确的自我改变档案和自我管理方式。

自我改变档案确定后，接下来就是制订改变计划并付之于行动。在这件事情上，除了你自己，没人能帮得了你。为了让改变持续下去，你需要坚持不懈地努力，直到改变成为一种习惯并融入你的价值体系。

还记得那位让奶奶等了 6 个小时的领导吗？其实，在工作中，他最初也并不是一个守时的领导。每次开会他总是迟到，他的下属们因为总是等待老板，久而久之大家也养成了开会迟到的习惯，而且到会时间越来越晚。在与员工的互动中，这个领导逐渐意识到自己的不守时已经给员工造成了负面影响，他正在创造一种不守时的企业文化。当他意识到这是一个问题时，他开始改变并适应，学会守时。从那时起，他变成了一个守时的领导。但是在生活中呢？

他答应了奶奶，会在周末的午餐时间去看望她。奶奶高高兴兴地为他准备了一顿丰盛的爱心午餐，他却晚到了 6 个小时。因为爱，奶奶和以往一样，没有责怪他；还是像往常一样告诉他，没有关系，她能理解他很忙。就这样，他甚至没有受到任何责怪就脱了身。让我们从内在习惯的角度来思考这个问题。工作中，他适应了守时。但这是发自内心的吗？并不是。他是因为有所顾虑，才能在工作中守时，但从内心他并没有改变。因此，回归旧习惯对他来说只是个时间问题。

要想真正改变并适应，请记住 SIILA 模型中的内化部分。要让改变成为一种习惯，领导者必须将改变“内化于心，外化于行”。试想有这么一位领导者，他总喜欢在会议上高声说教，不许他人插话，也不让别人讲话，因此受到下属的疏离而无法完成企业任务。为了改变自己，他去了一所礼仪学校，学习如何举止得体，如何表达对别人的尊重。但如果他只是学会了如何看上去举止得体，你觉得他这种得体的状态能持久吗？他能真正改变组织成员对他的看法，进而改变整个组织的绩效结果吗？

真正的改变存在于领导者的内在意识中。领导者必须内化这种改变，使之成为一种无意识的、没有压力的习惯。俗话说，变是唯一的不变。只有把改变作为一种习惯，领导者才会带领组织不断取得成功。

第一节　重新发现自己

2000 年年初，我是德尔福（Delphi）新加坡公司汽车发动机电子控制的技术负责人。我的工作是保证客户在提出要求之前，我们已拥有一个优良的全新产品系列。我曾与英飞凌（Infineon）和飞思卡尔（Freescale）等半导体公司合作，花了大约 3 年时间开发定义了下一代集成电路，并且设计了引擎控制器与其他设备和软件。但要让这些产品得到客户的认可还需要另外 2—3 年的时间。所以，在这些产品面市之前，我们至少要提前 5 年进行设计和开发。当时，我们有一个竞争评估中心，负责拆解竞争对手的产品进行研究，以确保我们的产品在推出时具备市场优势。我发现这种方法存在一个根本性的缺陷，那就是，我们的研发实验室花费 5 年时间开发出的新产品，却只是建立在拆解竞争对手已有产品并进行竞争评估的基础上。事实上，我们并不知道我们的竞争对手正在他们的研发实验室里做什么。很有可能在我们发布新产品时，他们已经开发出了比我们更好、更先进的产品，因为我们对标的是竞争对手的老产品。所以，我认为我们必须做出改变。我们开始挑战自己，为自己设立更难的目标。我们要在技术上领先，让我们的产品成为市场的引领者。我们不能盲目追随别人，而是尽自己的能力做到最好。只有不断地改变自己，让自己变得更好，才能保持市场不败。

总经理吉米·柯（Jimmy Quah）曾给我讲过这样一个故事：他和其他几位来自不同公司的高层管理人员受邀参观日本的一家工厂，学习他们如何推行持续改进的制造理念。带队的组织者告诉大家，任何人都不允许拍照。但当有人在现场发现一些非常有趣的制造方式时，就试图偷偷拍下照片。日本公司的一位经理看到了这一幕，便说："别担心，您随意拍。当您试图复制并实施此方法时，我们已经有了下一个改进的办法。"这让当时30岁左右的年轻经理大开眼界。他意识到，日本的改进理念其实从根本上是为了与自己竞争，是始终探寻让自己变得更好的一个过程。这个概念适用于新产品设计，适用于运营管理，同样也适用于自我发展。

让我们再来看另一个例子：1975年，柯达工程师史蒂夫·萨森（Steve Sasson）发明了世上第一台数码照相机。但当他把这项新发明提交给管理层时，却被叫停了。柯达管理层把数码摄影视为他们的敌人。柯达之所以忽视数码相机，是因为当时该公司的利润来自胶片和相纸。如果他们转而生产数码相机，顾客就不再需要这些老式传统的东西了。这显然是个错误的想法。后来，柯达经历了长达数十年的衰落，因为数码摄影彻底摧毁了其以胶片为基础的商业模式。尽管柯达的工程师发明了第一部数码相机，但领导者因循守旧，不愿做出改变，最终导致了整个公司的衰败。

公司本身并没有错——错的是领导者不愿改变。如果你有更好的东西，为什么要藏着不让它见光？总会有人发明它，然后超越你，打败你。

让我们继续看下去：1989 年，时任柯达 CEO 的科尔比·钱德勒（Colby Chandler）退休。董事会必须在两位首席执行官候选人中做出选择。两位候选人是菲尔·桑珀（Phil Samper）和凯·R. 惠特莫尔（Kay R. Whitmore）。惠特莫尔是传统胶片的粉丝，而桑珀则对数字技术有着深刻的理解。董事会选择了惠特莫尔。惠特莫尔保证，他会继续让柯达保持胶卷和感光化学品的核心业务。

在组织的变革、关键人员的选用上，领导者往往花费了大量的时间和精力，但如果领导者不能专注于自我的重塑和改变，没有与时俱进的新理念，选聘的结果就会令人质疑，企业的发展也会无法预期。只有领导者自身改变了，企业和组织才会自然而然随之发生变化。历史上有很多教训可以说明这一点。

摩托罗拉曾以其模拟手机主导了整个手机行业。最终，它被诺基亚（Nokia）更加小巧的数字手机所取代。但诺基亚后来也未能胜出，因为三星和苹果用智能手机淘汰了诺基亚的数字手机。

我们生存的时代日新月异，科学技术飞速发展，迭代加快。改变绝不是一次性的，而是一种常态。即使保持领先地位的领导者也要不断学习和改变。成功的领导者总会及时自我反思、力求自己有所改变，并践行新的领导力。他们知道，一旦管理好自己，便有了组织的未来。

第二节　领导如何改变组织

一个领导者不可能看到潜伏在各个角落的所有风险与不确定

因素。领导者应引领整个组织保持对风险的警惕，让每个组织成员寻找机会改变自己，让自己每天都变得更好。

组织的变革始于领导者。

在当今复杂的商业环境中，变革是必要的。不能适应变革并实现发展的组织将无法达到目标和取得成功。当领导者改变自己的习惯时，组织就会准备好接受改变并保持这个习惯。今天，许多企业与组织已经认可了结构方面的改变，我们暂且把它称为“变革管理”，它更关注的是对系统、架构和流程的变革，但这是一种相对机械的改变。

真正的改变应发生在企业的人员方面。如何接受变革取决于人们的价值观、行为、心态以及与领导者的情感纽带；对改变的真正接受和适应则发生在更深的层面。那么，谁能与员工建立紧密联系，能让员工突破心理畏惧、迷茫与怀疑，并能深受激励，义无反顾地投入组织的变革之中呢？只有拥有强烈意愿改变自己、完善自己，又具有领导力的人才能做到这一点。

前面我们讨论了领导者应该做什么。也许我们还应讨论一下，在组织变革中领导者不应该做什么。对于重大的变革项目，表面看起来好像源于所有利益相关者的认同，但人们通常都知道变革源于何处，变革的产生通常出自领导者的个人观点和意向。这并不一定是坏事——好的领导者会有好的想法，并给出好的方向。但反过来想象一下，如果一个糟糕的领导想出一个项目，这个项目能宣传自己并给上司留下好印象，但却给员工造成很多额外的负担，让员工做了很多毫无价值的事情。这个领导也许会晋升，但最终他的团队将会与之疏远，毕竟“路遥知马力，日久见人心”。

对于好的领导者而言，绝不是将个人权益凌驾于组织之上。相反，他们熟知组织的优、缺点，能顺应时势及时做出正确的变革决策。

让我们来看一个例子。

有一次，一位领导者试图引进一个昂贵的新项目流程管理工具来改变我们的项目管理方式，并且希望将其推广到全球的分公司。这一切都始于他看到一个团队因为没有遵循正确的流程而导致项目失败。我反对这一举措。事实上，我们已经有了很棒的项目管理工具，问题在于领导者没有用好这一工具。领导者不去利用企业有利资源却试图彻底改变整个项目管理流程，这完全是在浪费时间和金钱。此外，被他质疑的员工也对他失去了信任。

熟悉组织可以帮助领导者掌握完成工作的正确流程和方式。引入一个全新的管理流程同样也意味着让每个团队成员都以正确的方式做事。殊途同归，却要多此一举，归根结底还是领导者对组织利益的整体权衡不够，以致盲目进行组织革新。

改变确实很难，但好的领导者会致力于让正确的改变发生。他们能把小事做对，防微杜渐，带领公司在这个充满不确定的知识新时代，营造一种拥抱变革的文化氛围，直面错综复杂，并努力完成组织任务。

在前面的内容中，我们按照“系统思维”“内化”“互动”“学习”四个部分逐步探讨 SIILA 模型，并以“适应”结束这一探讨。这是关于领导者的深入探索。领导者必须愿意应用系统思维与自己进行严厉的爱的互动，并将系统思维和复杂性内化于心。他们必须愿意参与和组织内外的互动，寓学于教，从互动中学习他们不知道的知识。然后，领导者还应继续用严厉的爱与自己对话，在日新月异的时代去接受和拥抱各种变化，积极改变并不断适应，直至形成适用的思维和行动习惯，进而影响和改变组织，带领组织在新的复杂性社会系统中实现成功。

第三节　回　　顾

在第六部分，我们讨论了 SIILA 模型在处理复杂性中的“适应”部分。以下是几个关键点。

（1）在解决复杂性的过程中，只有系统思考、内化、互动和学习的步骤并不能带来预期的结果，也无法帮助领导者达到目标，完成任务。他们还必须适应自己获得的新知识，自觉实践，自我改变，进而带给组织发展正能量。

（2）领导者可以通过以下四个步骤来改变自己，以适应不断变化的复杂社会系统：① 了解自身知识缺口；② 学习并获取必要的知识予以弥补；③ 根据所学新知识，确定自我改变档案，制订个人改变计划；④ 对自我改变和适应做出坚定的承诺，并做到持之以恒。

（3）在当今这个飞速发展的世界中，领导者必须养成积极适应和重塑自我的好习惯，与时俱进打造更好的自己。组织也会在领导者的潜移默化感染下，发生积极改变。领导者将因此不断完成任务，兑现自己的承诺。

在本书的最后一部分，我们将把 SIILA 模型融入终身学习和持续适应的无限循环中。

第七部分

SIILA 之旅

第十四章
永无止境的 SIILA 循环

组织是复杂的自适应系统，就像有机的生命体一样，人们在组织中持续地相互作用、相互依赖、不断学习并发展。带着这样的理解我们开启了 SIILA 旅程。

领导者用他们的领导力完成任务，无论这些任务是什么，他们永远都不能停止学习。学习是永无止境的。个人和组织不停地在改变。昨天的技能可能已经不能解决今天的问题，领导者必须与时俱进。

那么，领导者应该如何跟上时代变化的步伐呢？

SIILA 模型提供了一条前行的道路。它是解决复杂性和完成任务的系统方案。在系统思维中，领导者必须内化、互动、学习并适应。此外，领导者必须记住，在他们适应后，新的变化又会再次出现，就如同我们脚下的大陆从未停止过移动。因此，领导人必须不断重启 SIILA 之旅。这听起来似乎有些痛苦，但事实并非如此。如果领导者能意识到它的重要性，这种适应变化的能力就会成为一种习惯，并融入领导者的潜意识之中。

第一节　领导力是养成新习惯

威尔·杜兰特（Will Durant）说："你之所以是你，在于你的常态。优秀不是一种行为，而应当是一种习惯。"（这句话常被误认为是亚里士多德的名言）。

我们是谁？我们实际上是我们重复的习惯之总和。所以，优秀意味着养成良好的习惯。虽然知识很重要，但习惯可以超越知识。我们可以通过上课、阅读书籍、使用互联网或征求专家意见来获取知识。但是，除非我们把知识应用到实践中，直到养成一种习惯和技能，否则这种知识对任何人都没有多大的用处。

要做好事情，你需要的不仅仅是知识。即使是获得院长荣誉奖的明星学生，也需要发展和提高自己的技能。这个过程可能有点乏味，因为它需要大量的实践和练习。回想一下你第一次学骑自行车的过程，你父母教给了你骑车的技巧，你也可能看过兄弟姐妹、朋友，甚至是电视上的人是如何骑车的，你似乎知道该怎么做，看起来也不难。但是，当你骑上自行车，努力将这些知识转化为能为你所需要的技能时，你可能会摔下来很多次，你会突然意识到用两个轮子保持平衡是多么困难，而且脑袋中还要顾全很多的因素，从手和腿的位置，到身体的平衡，样样都要考虑，这还不包括把握自行车的方向。经过几次膝盖擦伤，身体和自尊心都受伤后，你最终学会了骑自行车。你终于踏上了第一次独自骑车上学的路。在那一刻，你为自己感到骄傲。你终于成功了！

又过了一段时间，骑自行车已然成为一种习惯。你很自然地骑车上下学，且已熟能生巧。接下来你会去习得另一个新的好习惯了。

这也是卓越。卓越并不是一次性的偶然事件。卓越是你一次又一次的努力。

让我们再深入一点，通过理解人类的大脑，更好地理解大脑是如何诠释知识、技能和习惯的。斯坦福大学前医学教授布鲁斯·利普顿（Bruce Lipton）博士的一项研究显示，有意识的大脑活动每秒可以处理大约 40 比特的信息，而潜意识每秒则可以处理超过 4 000 万比特的信息。这意味着潜意识比意识快 100 万倍。那么，这和骑自行车有什么关系呢？

当你学习新东西时，就如学骑自行车，你一开始会有意识地完全专注于那个任务。要知道，有意识的思维是缓慢的，它艰难地处理着一切。当你跌倒擦伤膝盖时，那意味着你的意识在发展一项新技能的过程中犯了错。这时你的潜意识尚未形成，它正在角落里保持着沉默，还不知道发生了什么。经过许多的努力，你最终熟练地掌握了这个技能，且不再失误后，你的大脑有意识地将这个技能移交给潜意识。这种情况下，你完全掌握了骑自行车这项技能，它似乎成为你与生俱来的能力。那时候你会表现得像一位自行车职业选手，也许你会一边骑车一边打电话；或者一边骑车一边用一只手吃早餐；也许你还会偶尔站在坐凳上炫耀一下。你再也不用考虑如何骑自行车了，这已经成为一种潜意识中的能力。

潜意识处理事务的速度比意识快 100 万倍。你不需要去思考，就像自然发生的。这听起来是不是像习惯？习惯是一种特定情形下的自动反应倾向或行为方式。你想都不用想，好像也无法控制，自然而然就会这么做。这是一种你经常采取的行为方式，它已经成为你的一部分。

掌握新技能并将其转化为习惯的能力才是真正优秀的领导力。这不是一次性的成功，而是一个不假思索并能持续性采取正确行动的过程。

在复杂性系统中，我们周围的一切都在变化，包括领导者本人。这就是为什么结果从一开始就是不确定的。因此，解决复杂性问题的方法是领导者持续培养良好习惯的能力，只有这样，才能实现真正的卓越。

那么，我们应当培养哪些好的领导力习惯呢?

其实有许多好的领导力习惯可以借鉴。比如：正直、透明、诚实、主动、可靠，有远见、有纪律、有组织，善于倾听、尊重他人、善于沟通、善于思考、努力育人、行动力强，知识渊博、善于做决定，关注细节、着装得体，勤于学习、善作善成，保持微笑、亲切和善，等等。大多数领导者都明白领导者需要具备的基本素质和行为习惯，而培养这些素质和习惯却并非易事。

第二节　转变为无意识的有能

要在无意识中变得有能力，就要把知识转化为技能，然后变成习惯。理解这种转变最简单的方法就是赋能的四个步骤。

第一，无意识的无能。你并不知道你不知道什么，这是个危险的阶段。如果你表现得好像知道一切，就不会有好的结果。你必须迅速离开这个阶段。

第二，有意识的无能。你知道你不知道什么。在这个阶段，你主动学会了你不知道的知识。

第三，有意识的有能。你应用所学到的知识并反复实践它，逐渐变得很擅长。这是有意识的能力。你获得了技能，但在使用中，仍然需要去有意识地思考。当你不断重复这项技能并取得成功时，你开始了真正的成长。

第四，无意识的有能。在这个阶段，你可以不假思索地行动。你在前期已经有意识地培养了这种技能，现在它已经成为你潜意识中的习惯。

然而，并非所有的习惯都是好的。你也可能通过这个过程养成了坏习惯。摆脱它们并用好习惯取代它们可能非常困难，但并非不可能。例如，你曾经每天午餐后都会拿一块甜品当零食，这已经成了习惯。但有一天你决定开始减肥，你就必须有意识地改变你的习惯。之前，你会无意识地放一块甜品在午餐袋里，但是当你决定用更健康的方式替代糖果，你会用一个苹果取代原先的甜品。一开始，你会思考这个问题并艰难地做出选择，因为你真的很想吃那块甜品。但最终，你每天都把苹果放进午餐袋中。时间久了，你甚至不会再想甜品了，因为苹果已经取代了它，成了你新的习惯。

我们在这里讨论的似乎都是很小的事情。有人可能会问，这些小事对领导者有那么重要吗？在公司里，他们不是应该只做大事，把小事委派给别人吗？然而，细节决定成败。只有当我们一次又一次地把小事情做对时，成功才会随之而来。

当然，领导者还要有伟大的梦想、创意和计划，这些都是必需的。但是为了完成最终的梦想，领导者必须专注于他们现在所做的任何事情，因为领导力会体现在领导者的日常行为中。成功的领导者往往都拥有良好的、富有成效的日常习惯。

想象一下，一位屡屡成功但仍能保持谦虚好学的领导者，往往具备随时面对未知挑战的能力和习惯。他们积极面对失败，即使在失败中也不会迷失自我。他们在失败中成长，在哪里跌倒就在哪里爬起来，绝对不犯同样的错误；他们还会坚强地从失败中走出来，继续勇敢前进。这些都是心理健康又坚韧的领导者特质。这听起来可能很简单，但要真正做到，往往比你想象的要困难很多。领导者要明白，几乎所有的成功都伴随着挫折和失败，优秀的领导者不会因成功而自傲，也不会因失败而迷失。

如果领导者能在组织中确立这种态度，并带领组织培养积极向上的工作习惯，整个组织就会不断学习、改进和发展。如果整个组织对所有风险始终保持警惕，那么问题就可以在萌芽中解决，防患于未然，才能促进绩效目标的达成。

第三节　SIILA是一种习惯

今天的领导者面临的挑战是：如何在不损害诸如环境、社会、人类、文化和可持续发展等方面的情况下，把事情做好并实现预期？领导者必须习惯于思考并构建全局化领导力，而不是偏向于某一部分，“一叶障目，不见泰山”。

我曾在亚洲、欧洲和美国等世界各地工作、学习和生活过。我管理过大型的全球性企业。我曾在东方和西方都亲身经历和感受过伟大的领导力，并回到大学又专门学习了领导力。有了这些丰富的经历，我逐渐意识到，复杂性范式中的领导力应当是东、西方的结合体，其中实现绩效和完成目标仍然是核心的主题。为此，今天的领导人都应该持续运用 SIILA 模型。他们必须从系统思维与内化这两大关键哲学体系开始，要明白任何事物之间以及事物内部各元素之间都会相互关联并组成复杂系统，要从内因出发，用严厉的爱不断去互动、学习和适应。人员和组织都是复杂的，领导者别无选择，必须养成循环使用 SIILA 模型的习惯。要记住，在整个过程中，领导者是组织的一部分，而不是组织的顶层。这也是相对于传统的“领导者与追随者”式领导方式的根本转变。

总结一下，以下是永无止境的 SIILA 循环的关键元素与五个步骤。

1. 系统思维

(1) 理解组织的相互关系。

(2) 领导者要对组织中发生的一切负责。

(3) 组织的好坏取决于领导者的行为是否恰当。

2. 内化

(1) 理解内在思想的伟大力量。

(2) 明确领导力的动机。

(3) 掌握自我管理的力量。

3. 交互

(1) 严厉的爱（严管厚爱）的互动。

(2) 了解你的员工和组织。

(3) 升级为案例研讨。

4. 学习

(1) 领导者应当不断学习。

(2) 善于寓学于教。

（3）确定可教授/传授的观点。

5. 适应

（1）个人改变档案。

（2）自我改变。

（3）领导者改变组织。

SIILA 模型集合了东、西方最好的领导哲学，为领导者指明了一条自我提升的道路。在知识新时代，当结果不确定时，领导者可以通过严厉的爱的互动来了解并解决复杂性。

构建起 SIILA 认知，领导者可以积极地去实践，并在反复循环的实践中，养成一种良好习惯。SIILA 与领导力息息相关，在处理复杂性并完成目标任务的过程中，可为领导者提供极为有效的帮助。

当领导者养成 SIILA 的习惯，自我的内在驱动力以及价值体系与行动相互吻合，就会转型成为一名复杂性领导者，这将在很大程度上缓解各种压力。潜意识会接管许多繁重的工作，领导者的意识头脑则被腾出来去处理其他事情。

当领导者从改变自身做起，成为榜样，他将改变整个组织，创造一种以领导者为榜样的文化与价值体系。在这个过程中，领导者也可以将他的处理复杂性思维和技能传授给整个组织，带领整个组织不断前进。

无论出现何种程度的失败或意想不到的困难，复杂性领导者都会继续前行，并继续实践以下习惯：

（1）系统思维。

（2）内化。

（3）互动。

（4）学习。

（5）适应。

领导者也因此永远不会输给自己。他们的价值体系和行为习惯保持一致，他们将持续成长与进步。这样的领导者心态积极、保持正念，他们活在当下，努力适应，专注且高效。

不断学习与适应是领导者最大的财富，它会让你的努力与付出不断获得回报。

第十五章

朗智文的终身学习——SIILA 循环

2012 年年底，我 42 岁，是中国香港一家全球业务部门的副总裁。经过几轮的面试，成为明尼阿波利斯一家全球性企业高管职位的最后两名候选人之一。作为招聘流程的最后一步，我乘飞机到了位于美国明尼阿波利斯的公司总部。令我惊讶的是，公司安排了整整两天的融入了心理测评的一整套面试方案来作为我们最终是否能胜任这份工作的主要依据。过去，我也曾在面试中做过各种形式的性格与心理测评，但这次的测试却非常全面和系统，它包括在线测试、作文、研讨甚至还有角色扮演等环节。评估结束后还会形成一份关于个性风格、思维方式、人际关系和冲突解决方式的报告。

三位 60 多岁的资深心理学家面试我。他们营造了一个非常舒适的就像家一样的环境，然后开始向我提问，其内容包括：你是在哪里长大的？你的家庭是什么样的？你上的是哪所小学？一年级时你记忆最深的是什么？

这并不像是在面试。相反，我觉得我仿佛在和年长的亲戚交谈，和他们在一起很自在也很舒服。他们问，你会如何描述你的祖父母，他们对你有什么样的影响。我回忆起我的祖父母在花园里种树的情景，他们种树的主要目的不是得到树木的果实，他们更看重的是那种简单、自律的生活方式以及与自然之间的融洽关系。这些东西已经融入他们的日常生活中。

他们还问起了我的父母和他们的童年。我告诉他们，第二次世界大战期间，斯里兰卡成为英国在东南亚行动的中心基地。作为支持英国的条件，斯里兰卡全心全意地致力于盟军的战争。由于斯里兰卡是印度洋不可或缺的战略要地，该地区同时也成了日本人的军事目标。当时，斯里兰卡局势紧张且不断加剧，整个岛屿都处于军事管辖之下。我的父母都是第二次世界大战期间在斯里兰卡中部农村长大的孩子。我的父亲读完了中学，我的母亲没有上过学，因为外祖父母更担心她的安全。

心理学家问我从父亲那里学到了什么，以及它对我今天的领导方式有何影响。我向他们回忆了我和父母的故事，在此也讲给大家听。

第一节　一棵椰子树与父母对我的教导

在我童年时代，我们住在一个被大片椰子园围绕的大农舍里，紧挨着稻田。我的母亲烧得一手好菜，我的父亲对食物很挑剔。他喜欢椰子，顿顿饭都要有椰子。一天，家里的椰子吃完了。通常我们都会找椰园师傅帮忙去摘椰子，但那天却一个工人都找不到。这对我父亲来说是件紧急的事儿。于是，他用一块破布做了一条脚带，然后慢慢地爬上了一棵又高又大的椰子树。当时才 8 岁的我，简直不敢相信自己的眼睛。当他从树上下来，拿着足够我们接下来吃好几顿的椰子时，我惊讶地问我的父亲：“爸爸，我不知道你会爬椰子树。我以前从来都没见过你爬树，你是怎么爬上去的?”父亲对我说：“儿子，永远别让别人去做你自己做不到的事情。”

父亲给我上的这一课奠定了我整个人生旅程的基础——从学生，到领导，再到生活本身，这并不是说你必须自己完成所有的工作，而是说你要能卷起袖子，在需要你的时候可以随时顶上去。你必须关注细节并了解工作流程。

很庆幸，我没有一开始就被直接空降为高管。相反，我从一名基层的工程师开始做起。熟悉细节，喜欢与人打交道，这些都让我感到舒服。无论是面对生产车间的运营难题，还是面对棘手的客户，只要遇到困难，我总能撸起袖子，与我的团队并肩作战，为团队提供实际而又有价值的指导和支持。

这些年来，我在自己领导的每一支队伍中都建立了充分的信任与声誉。他们知道我关注细节；他们了解我能在团队需要的时候亲力亲为，教导并支持他们。我总是团队中的一员，可以填补任何位置，任何时候都能帮助和保护我的团队。

当我的父亲爬上椰子树的时候，我意识到职位并不会带给我们力量。真正的力量来自你获得的知识和你发展的技能。知识就是力量。

我的母亲努力工作来支持我父亲的事业，与此同时她还要照顾 9 个孩子，这是一项艰巨的任务。但她是一个不畏挑战、不折不扣的“铁娘子”。除此之外，我对母亲印象最深的是她能与任何人建立联系，她热心帮助他人，平等地对待每个人。

我记得小时候，有很多年长的、生活条件差的人会来我们家住。我们家的访客一直络绎不绝。虽然我们家并不富裕，但母亲仍然不遗余力地照顾他们，尽她所能帮助需要帮助的人。我记得，很多次，她把自己仅有的食物送给了她认为更需要的人。她的善良，以及她与人沟通的能力，令人惊叹。尽管她没有上过学，但她对生活的感悟、她的勇气以及她深刻理解他人感受的能力感染着我。75 岁时，她和她的侄子还经营着一个茶园。他们自己动手建造了一座美丽的山中小屋，只雇用当地的劳工，并且拒绝使用机器代替人工制茶。对她来说，这不只是一门生意，她更想为她的家园做贡献。

父母的一生遭遇了许多的苦难。他们的童年充满了恐惧与悲伤。而那场始于 1983 年，结束于 2009 年，导致 10 万人死亡的内战又给他们的成年蒙上了阴影。然而，也正是这些苦难让我的父母变得更坚强，也帮助了他们去发现自己是谁。他们在抚养 9 个孩子的同时，还在不断学习和适应困难时期的生存方法。

我在自己的生活中，也经历了很多痛苦，包括困难与失败。直至今日，父母的行为以及他们的经历依然是我的榜样，激励着我做好自己的工作。

第二节　我的失败经历与循环学习

尽管进行了全面的心理测试，我还是没能得到明尼阿波利斯招聘的那个亚太区总裁的职位。在面试期间，有一天我与董事主席共进晚餐，我问他，为什么这份工作的总部会设在香港。“难道不应该设在更接近客户和生产基地的上海吗?”他当时告诉我，这是出于历史原因——但我提出的这个问题让他开始思考。他们最终聘用了一位身在上海的人。

没有得到那份工作似乎是个失败，但最后对我来说却成为最好的结果。三个月后，德昌电机把我调到瑞士去领导汽车事业部，管理多个全球业务部门。我没有得到那份在上海的工作，却得以在欧洲生活、工作和学习，并因此获得了大量宝贵的经验。那家公司后来果真在上海设立了新的总部，所以整个互动可以说是双赢的。

有时候失败恰恰成为下一个成功的开始，正所谓“塞翁失马，焉知非福”，重要的是我们要以积极乐观的心态去面对，我们要始终抱着美好的期望，坚持学习，提升自我，因为“机会总是给有准备的人的”。

在我童年时期，我们一家人经常去寺庙，这是因为我的父亲和佛寺有着非常密切的联系。有一天，从寺庙出发的一队僧人路过村庄，人们纷纷向寺庙奉献各种各样的东西以示敬意。作为一名佛教徒，能捐赠的最高级别的礼物之一，是自己的孩子。我父亲决定把我献给寺庙。按照传统习俗，这意味着我不得不成为一名僧侣，留在寺庙中度过一生。于是，当时只有 12 岁的我去了寺庙，我依然记得那天在寺庙里整晚进行的诵经和其他宗教活动。

我父亲向寺庙贡献了自己的儿子，我将成为一名僧侣，这在村里是个大新闻。第二天，学校的老师和其他资深僧侣来找我父亲谈话。虽然即将成为一名僧侣让我很兴奋，但那时我是学校表现最好的学生之一，老师认为我在学术上会很有前途。僧侣们也来和我父亲沟通，并告诉他，供奉仪式之后，我其实并不需要真正成为僧侣，那已是老传统了。他们认为，如果我好好学习，帮助世界变得更美好，为社会做出更多的贡献，更能体现出自己的价值。所以，他们又把我带回了学校，让我继续接受正规的教育。

我很自豪我的父母因为家庭的信仰把我贡献给寺庙，我也为他们决定走一条完全不同的道路感到骄傲。他们选择了一条非传统的道路，这需要勇气。

但种种原因使我没能通过小升初的国立考试。我也因此不能进入国立中学。这在很多人眼里是一个失败。毕竟，我离开了寺庙，努力学习成为一名好学生却又没能通过考试。实际上，对我来说这依然是完美的。之后，我去了离家大约 3 英里的另外一所中学，从此，我可以每天骑自行车去上学。就这样，在搬到城市居住之前，我享受了 5 年最原始、最美好的田园风光，我非常珍惜那段岁月。后来，我以学校有史以来最好的成绩通过了全国中考。我父母把我送到了全国最好的高中之一。我在那里表现很好，再次以优异的成绩考入了大学，并获得了电气和电子工程学位。

还在中学的时候，我发现自己喜欢教书。我经常在小学部帮忙教学，有时当有老师请假时，校长甚至会派我去代课。我还经常在晚上给低年级的孩子辅导功课。进入大学后，许多学生很难跟上教授的英语课。我会用更简单的方式，用更多的例子，用当地的语言来帮助我的同学们。这些辅导课非常受欢迎，以至于一些学生甚至停了自己白天的正式课程，只在晚上来参加我的辅导课。我的课程辅导从不收费，我也从不担心听我辅导的同学在课堂上会比我表现得更优秀。我觉得分享知识和帮助别人是很有价值的，而且我意识到每每我在辅导他们的同时，自己也得到了提升。那时，我的许多同学都认为，有一天我一定会成为一名教授。

大学毕业后，我结识了保罗·胡尔（Paulo Hoole）教授。他是一位才华横溢的老师，在牛津大学获得了博士学位，教授人工智能、神经网络等学科。此外，胡尔教授还会在神学院和教会学习和讲授《圣经》。而在有些场合，他的身份还是一名牧师。胡尔教授卓越的教学风格和坚定的信念永远铭刻在我的脑海中。后来，他离开了斯里兰卡，加入了新加坡南洋理工大学。有一次，他邀请我去新加坡参加一个研讨会，讨论我们的一篇研究论文。会后，他问我为什么不在新加坡找份工作。那是 1997 年。于是我尝试在新加坡找工作并成功找到了一份工业领域的工作，由此便开启了一段完全不同的职业生涯。

我在新加坡的第一份工作是优泰仪器公司（Eutech Instruments）的研发工程师，为科学仪器设计电子电路和编写嵌入式系统软件，这家公司后来成为赛默飞世尔科技（Thermo Fisher Scientific）的一部分。工作中我很快就发现，仅仅用电气工程来进行产品设计是不够的，我还需要学习机械工程方面的知识。于是我申请了新加坡国立大学（NUS）的夜校，并获得了机电一体化硕士学位。

两年后，我参加了数据存储研究所（DSI）高级设计工程师职位的面试，该机构是新加坡的政府机构，主要从事计算机硬盘驱动器的研究。我收到了录用通知书。通知书中提到了就职日期，并让我在就职前做一次体检，如果体检结果没有问题，我将正式得到这份工作。我年轻且健康，所以我信心满满地认为自己可以通过体检并获得这份工作。我果断辞去了原来的工作，去做了体检。体检报告的结果令我震惊不已，我竟然是色盲。我只知道自己不擅长绘画，也从来不是艺术爱好者，这也是为什么我选择了工科，但我从来不知道自己是色盲。几周后，DSI 给我寄来了一封信，告知我没有通过体检中的色标测试，那份录取通知书不再有效。就这样，我突然失业了！当时我和太太还带着 9 个月大的女儿拉万妮娅住在一套两居室的公寓里，和大多数年轻夫妇一样，我们为一张张的账单而发愁。

这对我来说是个很大的打击，但它最终却发展成了发生在我身上最好的事情之一，随着后来整个计算机硬盘行业的衰落，几年后 DSI 解散了。

而我则在新加坡德尔福找到了一份新工作。从一名设计汽车电子控制系统的系统工程师开始做起，一路走来，我不断学习和成长，直到领导多个全球项目，并牵头定义了公司的未来产品。德尔福提拔了我，并把我调任到美国印第安纳州的科莫，后来又调到威斯康星州的密尔沃基和在密歇根州的奥本山工作。我当时是要担任总经理的，但我意识到，我必须去读工商管理（MBA），以填补我的知识空白，尤其是在金融、经济和商法方面的知识，这样我才能更好地胜任总经理一职。

之后，我在印第安纳大学凯利商学院（Kelly School of Business at Indiana University）获得了工商管理硕士学位，在雷鸟全球管理学院（Thunderbird School of Global Management）获得了米高梅（MGM）全球管理硕士学位。我一直在不断地学习，不仅完成了必要的正规教育，也从我遇到的每个人那里学到了很多有益的知识。

我数次成功扭转了企业的业务局面，并研发了新产品线。我担任过全球总裁、副总裁和综合管理性职位，并能很好地进行跨文化沟通。我虽然是一个色盲，但这似乎成了我在领导全球商业中得到的最好的礼物，我能与任何地域的人很好地沟通，无论肤色、年龄和性别。

后来，我加入了德昌电机并搬到了中国香港。在那里，我很荣幸能与帕特里克-王（Patrick Wang）共事，他是公司的CEO和董事长，他是一位好领导、好老板，是一名真正的领导者。与他共事，对我来说是特别幸运的经历，我时常被他的激情和能量所鼓舞和激励。当时，我在管理全球发动机和变速器的副总裁职位上表现出色，因此他提拔了我，并派我去瑞士管理拥有多个业务部门的汽车领域。

从那时起，我开始不断思考，为什么有些领导者成功了，而有些却惨败了？随后，我开始了关于领导力的研究，并最终获得了复杂性领导力的博士学位。

我始终保持谦逊，寻找每一个学习的机会。我知道学习是成功的关键。只有学习，才能更好地面对许多我不知道答案的困难与阻碍。很高兴我做到了。

在瑞士德昌电机成功地工作了6年后，我现在又回到了亚洲，回到了德尔福（后来更名为安波福）。

我经历过很多失败。从学校到董事会议室，所有从这些失败中总结出来的经验和教训都已成为我的财富，它们让我变得更加坚定，更加自信，也更加强大！

第三节　领导力的终身学习

拉姆·查兰（Ram Charan）第一次接触商业领域是在印度

北部一个小镇的家庭皮鞋作坊工作的时候。他在那里长大。当时拉姆还是个孩子，负责给城里的客户送鞋。后来他在印度获得了工程学位，在哈佛商学院获得了 MBA 和博士学位。他曾在哈佛商学院和西北大学任教。现在，拉姆已成为世界知名的商业顾问、作家和演说家，他在过去的 40 年里曾与我们这个时代的许多顶级公司、首席执行官和董事会都有过合作。但直到今天，拉姆还在用他小时候在皮鞋作坊工作时学到的东西。他经常谈到皮鞋店对顾客的了解程度，他们清楚地知道鞋子如何才能做到最合脚，准确地知道客户想要什么，并且非常确定应该如何对待每一位客户。

从拉姆·达斯到史蒂夫·乔布斯，再到拉姆·查兰（Ram Charan），再到许多伟大的领导者，他们都愿意分享自己的领导观以及可教授的想法。那么，他们生来就是领导、教授，或者教授领导力的人吗？或者，是他们后天学会了如何去做吗？

其实，关于领导者是天生的还是后天培养的之间的争论永远没有答案。不论是哪种答案，我们都不能什么都不做，守株待兔，等待自己足够幸运地成为一名成功的领导者，或者幸运地被一位成功的领导慧眼识珠地招聘过去。从我在斯里兰卡中部一个小村庄长大的经历来看，我发现只有努力工作和不断学习才能帮我找到正确的领导方法。我深信，“天上不会掉馅饼”，我越努力，就会越幸运！

我们最终能成为谁，其实是我们的价值观和信仰作用的结果，而这些价值观和信仰又与我们的经历息息相关。如果我们能始终保持学习模式，就能持续成长，改变并成为更好的自己。有了深厚的个人积淀，我们才有可能成为领导者，甚至成为成功的领导者。

在知识新时代，我们生活的世界更加复杂多变，并将持续呈现出易变性/不稳定性（Volatile）、不确定性（Uncertain）、复杂性（Complex）和模糊性（Ambiguous），即我们经常提到的乌卡时代（VUCA）。我们无法回到“决定论”一统天下的过去。我们只有不断学习和适应，才能更好地处理复杂性，并带领组织实现成功。

当然，能否处理未来的复杂性并不单单取决于你今天掌握了多少知识，更在于你与人互动、学习和适应的意愿与能力。我在世界各地工作、学习和生活了 25 年之久，对领导力的实践深有体会。现在我把东、西方最好的领导力方法、最好的实践经验与学术知识融会在一起，并将 SIILA 作为一个理念分享给大家。希望通过 SIILA，能改变我们领导者的思维方式，触动我们内在的行为模式，培养我们自我学习、自我管理和自我适应的能力。我更希望 SIILA 能改变我们的心态，让我们以更好的姿态去应对组织复杂性，去处理各类复杂性，去持续适应这个日新月异的新时代！

管理组织，始于处理复杂性；处理复杂性，始于管理自己；管理自己，让我们开启 SIILA。

让我们一起开始 SIILA 之旅吧！

第十六章

一位学者型管理者的 SIILA 实践之旅

我与本书的主要作者朗智文先生认识时，他还在担任美国安波福电子电气系统亚太区总裁。当时他为了提升公司下属的 20 家线束生产制造商以及在上海研发中心的 200 名中高层管理干部的整体领导力，正在寻求一家适合于他们公司中高层管理人员培训的商学院。从第一次在他位于上海嘉定的工作场地交流，我们就有种相见恨晚的感觉。我为他有一颗“中国心”，为他对中国制造业的信心，以及他对中国工程师的由衷赞扬和评价而折服。当然，更吸引我的是他那充满激情、坚定果断和得心应手处理各种市场复杂性的卓越领导力。

我所在的华东理工大学（以下简称“华理”）商学院每年都会邀请一些卓有成效的业界精英担任客座教授、课程讲师或职业导师，这是将“商业与科技”完美结合，实现培养“知行合一”经管人才的使命，受邀者也因此成为高校与业界互动交流的纽带。朗智文先生作为跨国商界精英自然也在我们的客座教授名单中。我第一次见到 SIILA 模型是在一次他为华理的 EMBA 和国际 MBA 学员做题为“复杂领导力”的讲座课堂上。虽然，我们一直在讲终身学习（Life-long learning），但如何在不确定性越来越凸显的乌卡时代练就自己的系统思维能力，并通过内化—互动—学习—适应来进行自我循环学习、提升，对每个人都将是一场考验，而 SIILA 模型无疑提供了一个非常清晰和实用的工具。

这也是我为何愿意与欣赏和追随朗智文先生“复杂性领导力”的“粉丝”们一起，将他的 SIILA 模型作为终身学习的工具，不断践行和提升我们的个人领导力。

第一节　我与系统思维

系统思维是把物质系统当作一个整体加以思考的思维方式。与传统的先分析、后综合的思维方式不同，系统思维的程序是从整体出发，先综合，后分析，最后复归到更高阶段上的新的综合。系统思维具有整体性、综合性、定量化和精确化的特征。

每个人的系统思维发展过程是不一样的。我是文科出身，大学本科是在位于长春市的东北师范大学外语系度过的，读的是英美语言与文学专业。在东北师范大学求学的过程中，老师很少提到系统思维。在大学前期的语言基础打好后，从大三开始接触大量的英美文学作品，老师主要通过世界名著中的场景描述，让我们来体会作品主人公的心情，分析主人公的语言和行为如何与其性格特征相呼应，并猜想即将发生的情节，等等。因此，我们除了需要掌握大量的英语词汇和语法规则外，更多的是需要拥有对语言的敏感性和丰富的想象力，这样才能分析好一篇文学作品。

20 世纪 80 年代末和 90 年代初，伴随改革开放的步伐，中国的高校开始倡导培养复合型人才，那时的我已经在长春理工大学做了近 10 年的英语教师，但系统思维的概念在我头脑里仍没有很清晰的印记。我所在的外语系有两个专业，一个是科技英语专业，另一个是商务英语专业。科技英语专业主要以科技翻译为主线，培养学生看懂长句，在字词句的分析中讲求科技术语翻译的“信、达、雅”（雅的成分要求不高，但信和达是严格要求的）。商务英语专业则比较尴尬，我们所有的英文教师对商科一窍不通，大学商学院教师的英语又不好，无法来兼课。我们只好请美国外教上“商务函电与写作”“进出口实务”等课程，其实他们也是照本宣科，只不过用母语上课比中国教师更流利顺畅而已。这种境况对当时已经走上教学与行政管理岗位的我而言，无疑在培养方案的设置和改革上都提出了新的挑战。在复合型人才的培养中，是否也需要复合型的教师才能更好地完成跨学科跨专业的培养目标呢？带着这个疑问和强烈的使命感，在决定读研时，我大胆选择了经济学专业，我希望通过自己的实践和努力，总结出一套跨学科的复合型人才培养方法。

我的系统思维“启蒙”应该就是从我读研时开始的。无论是研读马克思的《资本论》，还是亚当・斯密的《国富论》，都让我更加理性地去思考经济学理论与时下改革开放中出现的实际问题的关联性。

1996 年秋，为了照顾父母，我们全家从北方调回我的家乡——上海，我开始进入华理商学院工作，在这里，我开启了真正意义上的跨学科教师生涯。从一个在外语学院工作的商务英语教师，到在商学院国际经济与贸易系工作的经济学教师兼系主任，以及后来被提升为副院长，一直主管 MBA、MPAcc、工程硕士等专业硕士项目，国际交流与合作以及校友工作。跨学科背景和跨文化沟通技能的优势让我在国际交流与合作的舞台上为华理的国际化办学做出了应有的贡献。我的系统思维也在这段时间里得到了巩固和升华。

后面，我还会提及我在华理商学院共事过的几位院长，以及他们是如何锤炼我的系统思维的。只有系统思维，才能抓住整体，抓住要害，去处理一个个复杂烦琐的问题。

第二节　习得于心的内化

安波福 EDS 集团的中高层管理者在商学院进行脱产培训期间，大家在课余和课上案例讨论中运用得最多的一个词就是“内化”。这一概念最早是由以 É. 迪尔凯姆（E. Durkheim）为代表的法国社会学派提出来的，其含义是指社会意识向个体意识的转化。后来，苏联心理学家 Л. С. 维戈茨基给出了新的解释，即人们的一切高级心理功能最初都是作为外部交往的社会形式表现出来的，只是到后来，由于内化才变成人们的心理过程，所以内化是一种过渡。

我们的思维能力和习惯并不是天生的，或一成不变的。所以，接受学校教育，以及家庭和睦和早期的亲子教育就尤为重要。社会学家和心理学家们所讲的内化作用，就是指孩子们在成长的过程中吸取了父母或崇拜对象的价值观、信念或思考方式等，并演化为自己的内在想法。

我出生在一个知识分子家庭，父亲早年毕业于上海交通大学，也是国家送到苏联学习后，回国建设长春第一汽车厂的高级工程师。母亲是一位医生，对自己和她的病人都非常严格（记得小时候放学后有时会去母亲工作的医院理疗科，等她下班一起回家。她会埋怨病人没有按时来做理疗，疗效会差。同科室的医生和护士总会说，你就省省心吧，他们若疼痛难忍就会来的。但母亲常会坚持让病人按时来做理疗）。当然，母亲对我和哥哥的教育也一向严格。由于父母工作都很忙，加上 20 世纪 50 年代末的东北生活条件差，我和哥哥都是从小在无锡跟着外婆长大的，直到上学时才回到父母的身边，身上自然有许多母亲看不惯的、被外婆宠坏了的“不良习惯”，所以犯错误时少不了挨打挨骂。

记得有一天放学后，我与几个同为邻居的小学同学放学后进了一家银行，我们看到台子上有许多取款和存款的便笺纸就顺手带回了家。可想而知，那天晚上母亲为此大发脾气，除了让我痛哭流涕地从内心承认了错误，还让我写了“检讨书”，并要求我在第二天送到银行，让我当面向银行的工作人员认错，这也让我牢牢地记住了“不是你的东西千万不能拿，绝对不要占小便宜”。这些家训都在不知不觉中内化为我的价值观了，时刻地影响着我的行为处事。

父亲对我的影响是他的“循循善诱”式的谈话。每次母亲发完脾气，父亲都会与我们谈话，让我和哥哥明白为什么母亲会对我们发脾气。这种在“暴风骤雨”般责骂后的“和风细雨”式谈话方式让我受益匪浅，以至于在我与丈夫的 30 多年的婚姻中，以及在儿子的成长过程中，“家庭谈话”已成为我们化解矛盾，以及快速“消化”不开心的制胜法宝。

我们所有的管理者也是通过不断学习和掌握知识，不断从生活和工作中积累经验，将自己的认同转化为一种意识和智慧，进而逐步形成了自己的行动指南，这成为控制自我行为的内在力量，即内化于心。在应对复杂性环境和事务时，正念思维和积极的心理暗示都能发挥其正向的内化效应。

第三节　严管厚爱式的互动

我从家庭、求学期间的老师以及关心自己的领导那里都不同程度地感受到了他们对我严管厚爱式（严厉的爱）的互动。记得当系主任孔教授得知我怀孕时曾对我说："我们那个时候怀孕也是一直坚持上课的，上到生（产）……"这些话乍听起来，让我十分不舒服；但在日后的工作中，孔教授的自律、经常带病坚持工作的精神以及对我们年轻教师的爱护和提携，都给刚踏上工作岗位的我留下了深刻的印象。

在我做老师和硕士生导师期间，许多学生都能感受到我的严厉的爱，这不仅体现在上课的纪律和课堂讨论时的"尖锐"评价，也体现在对学生的期望上。能够考入华理的研究生，许多从未有过出国进修的想法，尤其是十几年前从外地考到上海的学生，认为只要进入211大学读研就是人生的阶段性成功了。在我分管学院国际交流与合作项目以及研究生教育管理工作时，我促成了华理与欧美许多院校签署了学生交流与双学位合作项目，以严厉的爱鼓励更多的研究生能够不交外方学费，或少交学费出国学习，开阔眼界。我一直坚信，只有对学生怀有母爱式的严厉，又能在他们困惑需要帮助时尽心尽力去关心和帮助他们，这才是"教书育人"的最佳典范。

在主管专硕教育中心期间，我们从最初仅招收到40个MBA学员，到项目成为全国第7所获得英国AMBA最长期5年期的国际认证，经历了中国专业硕士发展的许多风风雨雨。早年的 MBA 教育模式对我们在传统教育体制下成长起来的教师无疑是一大挑战。由于 MBA 学员都有工作经验，大多数的学员已担任管理职位，他们对教师的要求很高，所以办公室经常会接到投诉。在大学，我们更多的是以科研为导向，如何理论与实践相结合，运用案例教授来自业界的经理人，对我们每一个教师都是巨大的考验。20 世纪 90 年代的 MBA 学员是人才市场上的存量，他们的年龄是 30～38 岁，有着丰富的实践经验，而教师若还是停留在固化的教学方法上就难以满足学员的需求。为此，我们 MBA 中心坚持每门课由学员测评打分，每学期期中和期末召开班级座谈会，我和教务部门的领导，班主任都会参加座谈会，倾听学员们的意见和建议。之后，我则带着学员的测评分数及座谈会的意见，坐在教室里听课，再逐一给老师们写“评语”，给“问题老师”打电话，直接沟通；与年轻教师交流，分析学情，并传授教学经验。

这种做法在中国文化中是得罪人的做法，在中国的高校中也不多见。但只要你出于好意，严厉的爱会慢慢地被周围的同事和学生们所接受，且能形成一种正向的组织文化氛围。

第四节　终身学习是一种生活习惯

我是 1966 年上小学的。比起现在的年轻一代，那时我们学习的知识量、学习条件都是无法比的。但只要是一直在用心学习，只要是内化于心了，就会成为我们的本领，所学的知识对我们何时产生影响都是在不知不觉中的。

记得我应邀去美国 Rollins College 参加国际女性领导力论坛，在会上就“中国语境下的女性领导力特质和对社会的影响”做了主题发言。之后的那个周末，伊兰·阿隆（Ilan Alon）教授提议开车带我去逛逛市区，但周五晚上突遇台风，第二天一早他打来电话，告知可能要晚点来酒店接我，因为家中院子里的一棵小树都被大风刮倒了，他需要先去开市客（Costco）超市买些泥土和固定小树的工具，然后再来接我。等他来接我时，我问他家里的小树扶正了吗？伊兰·阿隆说：“东西已买好，我还没来得及阅读说明书，了解如何使用这些工具。”我非常奇怪，扶起小树，重新埋好它还需要读说明书？我当场与同行的另一位中国老师提议，先去伊兰·阿隆家，帮他将小树扶好，再一起出去玩。来到伊兰·阿隆家后，我一看所谓的工具就是一个塑料袋里装着一根长绳子、三根小木桩、一块黑色的像胶布一样的编织物。伊兰·阿隆还在翻阅说明书的时候，我已经约了那位同行的老师到了院子。我们三两下将树坑挖大，将小树扶正，再将三根小木桩摆成三角形支架埋在地里；然后用胶布保护树干，用绳子固定在树干和小木桩上，撑住小树；最后再往树坑里填满了买来的土，就算大功告成了。整个过程中就花了 20 多分钟。伊兰·阿隆教授见此十分惊讶，并怀疑这种潦草的做法小树能否成活，会不会再开花……任何事只要你认真学了，掌握了原理，就能举一反三；只要你肯学，就会有用到的时候。

以后，每次伊兰·阿隆教授来华访学，我们见面时都会提及那棵树。此事让伊兰·阿隆教授领略了中国 20 世纪 60—70 年代成长起来的大学教师“能文能武”的风采。扶正了的小树后来又经历过多次台风，但已经茁壮成长，每年春夏鲜花盛开……

我从担任华理商学院副院长的那天起，就被指派负责 MBA 专业硕士教育项目。作为一个英语 + 经济学的跨学科教师，我并没有学过管理学的课程。当时国内的许多学院派教师都受到了来自业界 MBA 学员的挑战。为了深入了解这个学科，也为了监控项目“教与学”的质量，还有对“问题教师”的指导等，我用两年时间旁听了所有中外教师教授的 MBA 课程。这对我日后管理“专业学位中心”起到了积极的作用，对我后来与德国汉堡大学的博多·阿贝尔（Bodo Abel）教授共同执教“活的案例”(Living Case)[1] 课打下了坚实的基础。这也因此让我能够更好地为企业服务，并通过管理咨询服务更准确地洞见企业的痛点和难点。

学习是一个过程，更是一种生活习惯。在知识爆炸的当今社会，“后浪”一定会超过我们，唯有不断发现自己的知识缺口，不断补齐短板，才能赢得明天。

第五节　循环适应是一种做事态度

从 1996 年调入华理商学院，我一做就是 20 余年。我亲身经历了华理商学院在起步发展和鼎盛发展时期的 5 届领导班子；与其中四任院长一起搭班（2000—2018 年）为了学院的发展而辛

[1] Living Case 是华理 MBA 的教学创新课程。它由德国博多·阿贝尔教授引入华理。他将跨国公司的商务管理问题形成研究问题，让中、德、俄三国学生组队一同以商务管理咨询的形式进行讨论研究，再向公司高管汇报。后来，华理又将 Living Case 发展为“行动学习”理论课和实践课，成为华理在专业硕士教育项目中的一个教改亮点。

勤工作。

作为副手，行政工作是否好做与院长的使命愿景、管理风格和性格特质有着极大的关系。这就要求我准确识别新院长的管理沟通风格，对他所推行的“新政”有较深刻的理解，这样才能应对来自领导和办学的压力，以及为了目标的达成所面临的复杂环境。

每每与同事、好友提及我们一同走过的历程时，我都会开玩笑地说，等我退休了，我一定要写一本书，讲述“一个女人与三个男人的故事”。它将以中国高校 MBA 发展为社会背景，讲述我是如何适应四位不同做事风格的院长，并达成完美“搭档”的经历。我曾在华理给 MBA 学员教授“管理沟通”课程，我对管理沟通的理解是：沟通不是你想讲什么，而是对方听到你所讲的内容后，是什么感受（换位思考就尤为重要），他能否正确理解你所讲的，并能采取适当的行动去完成任务。

不同的领导有不同的行事风格。钱世超院长踏实肯干，平易近人，是位守业型的领导，在 MBA 项目初期他更看重质量，希望将其能做成精品。石良平院长是位著名的宏观经济学家，也是上海市政府的咨询专家；他睿智、坚定，在他任职期间大力发展学院的科研力量，引进了许多海归博士；他所认定的方向通常不会变，你做汇报时一定要有数据才行。吴柏钧院长是个对市场十分敏感的领导，他在任期间让学院的品牌有了极大提升，通过了 MBA 国际认证，有了第一个博士点……三位院长除了在不同阶段都让学院迈上了一个新台阶，他们也都是勤奋好学之人。众所周知，在中国高校当领导，要比海外的大学领导劳累得多，他们需要行政、科研、教学三肩挑，没有强大的学习力和循环自适应性是无法应对社会的快速发展和学科排名压力的。

读到这里，大家对如何运用 SIILA 模型进行循环学习、自检和成长应该有了更深刻的理解。希望大家能与我们一同开启 SIILA 的修行，成为更好的领导者！

致　谢

经过几个月的努力，《拥抱复杂性》的书稿终于完成了，感慨颇多。从我们开始酝酿用中文来出版时，就觉得有很多内容想写，写的过程中又有新的想法在不断地涌现。我们最终还是决定用最平实的语言呈现给大家，让读者感知我们的真诚和透明。希望更多的年轻人通过阅读这本书来拥抱面临的复杂性，提升自己的领导力。以往市面上以“领导力”为题的出版物通常都是向外作用的，以如何管理人、带领团队为主线；而这本书的核心是向内的，如何通过自己的内省、发现内化了的价值观帮助你及时洞见复杂性、乐观拥抱复杂性。

在本书即将面世之际，我们怀着感恩的心情，感谢为这本书提出宝贵意见或给予支持和鼓励的同事、工作伙伴、亲朋好友以及华东理工大学商学院、华东理工大学出版社。

作为第一作者，我特别要感谢应萍、胡中瑞、王黎、刘岚、冯承才对本书（英文版）的翻译。

感谢我太太萨加里卡（Sagarika）多年来为了我们这个家所付出的努力，在艰难的时候给予我的鼓励和爱；还有我的两个孩子——女儿拉瓦亚（Lawanya）和儿子米汉（Mihan），感谢你们对爸爸一直远离你们，在中国工作的理解和支持。

——朗智文

作为第二作者，我十分有幸结识朗智文先生，并被邀请合著这本书并担任本书的审校工作。在审阅书稿以及每次与他讨论复杂性领导力话题时，我都受益匪浅。经过他的悉心讲解，这本书的文风和脉络变得更加清晰。

非常感谢华东理工大学的领导和同事们。我在华理工作的20多年里，是你们提供了我施展才华的平台，练就了自己的跨文化沟通能力和领导力。在此（按校领导的任职时间顺序），我要特别感谢马玉录副校长、钱旭红校长、涂善东副校长、于建国副校长、钱锋副校长、马力常务副院长、毛信庄书记、严诚忠副院长（他是引进我来华理工作的时任系主任，他也是我能尽快适应上海的工作环境的引路人）、钱世超常务副院长、牟援朝工会主席、石良平院长（我的博士生导师，亦师亦友）、沈艳萍书记、胡继灵书记（现担任上海政法学院副校长）、吴柏钧院长（后曾担任华理副校长）、马玲书记、阎海峰院长（现任华理副校长），还要感谢韩丽清、袁竹君、王庆飞（本书插图的制作者）、李宏辉，感谢华理商学院专业学位教育中心和国际经济和贸易系的同事们以及华理众多的同学；是你们的爱护和对我的一贯支持，使我们有了一段值得共同回忆的人生美好时光。

这本书也献给已经逝去的父母，感谢他们的养育之恩！在此，特别想提到的人是我的丈夫王晓光和儿子王铌，他们的爱是我一直努力工作的力量源泉。

——黄庐进

我们两位作者，一个是跨国公司的总裁，每天忙于各种国际商务往来和业务发展；一个是退而不休的教授，相信工作着的女性是最美丽的人。思考写作、教学与年轻人互动是我们共同的爱好。本书的出版要特别感谢现任华东理工大学商学院马铁驹院长、侯丽敏书记，赵炎、张磊、陈蕾、徐婷婷、张伟等小伙伴们，没有你们的支持，我们在华理的时光不会如此丰富、充实！愿华理商学院蒸蒸日上，越办越好！

感谢所有鼓励和爱护过我们、帮助和支持过我们的朋友们！

路漫漫其修远兮，吾将上下而求索。我们会继续以 SIILA 循环提升自己，与大家一起分享学习、成长的喜悦！